Heinrich Schlütte

# Anleitung zur Fabrikation von Cigarren

Schlütte, Heinrich

**Anleitung zur Fabrikation von Cigarren**

ISBN: 978-3-86741-482-1

Auflage: 1
Erscheinungsjahr: 2010
Erscheinungsort: Bremen, Deutschland

© Europäischer Hochschulverlag GmbH & Co KG, Fahrenheitstr. 1, 28359 Bremen (www.eh-verlag.de). Alle Rechte beim Verlag und bei den jeweiligen Lizenzgebern.

Bei diesem Titel handelt es sich um den Nachdruck eines historischen, lange vergriffenen Buches aus dem Verlag Gottfr. Basse, Quedlinburg & Leipzig (1846). Da elektronische Druckvorlagen für diese Titel nicht existieren, musste auf alte Vorlagen zurückgegriffen werden. Hieraus zwangsläufig resultierende Qualitätsverluste bitten wir zu entschuldigen.

Heinrich Schlütte

# Anleitung zur Fabrikation von Cigarren

# Die Cigarrenfabrikation.

Oder:

Ausführliche und praktische

## Anweisung,

alle Sorten Cigarren zu verfertigen, außer amerikanischen, auch deutsche Tabaksblätter dazu anzuwenden und letztere auf eine einfache Weise zu veredeln.

---

**Ein vortheilhafter Erwerbszweig**

für

kleinere Unternehmer und ein beachtenswerthes Nebengeschäft für Kaufleute und Materialisten ꝛc.

---

Von

**Heinrich Schlütte.**

Nebst 1 Tafel Abbildungen.

Quedlinburg und Leipzig.

Druck und Verlag von Gottfr. Basse.

1846.

# Inhalt.

|   | Seite |
|---|---|
| Einleitung | 3 |
| I. Die rohen Tabake, deren Production und verschiedene im Handel vorkommende Sorten | 6 |
|    I. Amerikanische Tabake | 14 |
|    II. Europäische Tabake | 16 |
| II. Ueber die Qualification und Vorbereitung der Tabaksblätter zur Cigarrenfabrikation | 18 |
| III. Die Anfertigung der Cigarren, und deren weitere Verarbeitung zu Handelswaare | 31 |

# Einleitung.

Das Wort **Cigarro** oder **Cigarre** ist spanischen Ursprungs und bedeutet ein, zum Rauchen ohne Pfeife bestimmtes, röhrenförmig zusammengewundenes Tabaksblatt, Mais= oder Papierblatt, dessen Inneres mit Tabak ausgefüllt ist. Die Sitte, röhrenförmig zusammengewundene Tabaksblätter zu rauchen, wurde von den Spaniern schon bei den Wilden in Panama angetroffen und ging nach Spanien über, wo sie seit langer Zeit allgemein üblich ist.

Nach Deutschland ist dieser Gebrauch in den Jahren 1806 bis 1814 durch die Franzosen verpflanzt, wo er im Anfange nur geringen Eingang fand; in dem letzten Decennium aber immer allgemeiner geworden und durch die, in Folge der Einführung der einheimischen Cigarrenfabrikation begünstigte Wohlfeilheit dieses Artikels so sehr in Aufnahme gekommen ist, daß er selbst den untersten Volksclassen gegenwärtig nicht mehr fremd, und die Consumtion an Cigarren unendlich gesteigert ist, wodurch die Fabrikation derselben zu einem nicht unbedeutenden Industriezweige sich erhoben hat, der um so mehr Beachtung verdient, als er sehr geeignet ist, auch von Unbemittelten, wenn auch in geringer Ausdehnung, betrieben zu werden, indem dazu nichts erfordert wird, als ein mäßiger Vorrath roher Tabaksblätter und zwei geschickte Hände.

Daß ein solcher Betrieb nicht im Stande ist, die Concurrenz mit großen Fabriken zu bestehen, welche die rohen Tabaksblätter bei günstiger Gelegenheit vortheilhaft einkaufen, und solche theils im rohen, theils im verarbeiteten Zustande, als Cigarren lagern lassen, und dadurch deren Güte und folglich auch den Preis erhöhen, versteht sich wohl von selbst; indessen zeigt die alltägliche

Erfahrung, daß auch ganz kleine Fabriken ihrem Unternehmer die nöthigen Subsistenzmittel hinreichend gewähren, wenn er eine, seinem Wirkungskreise angemessene Politik befolgt, welche für ihn besonders darin besteht, daß er das fertige Product auf das Vortheilhafteste zu versilbern trachtet, indem er den Consumenten und nicht den Wiederverkäufer aufsucht, und bei diesem seine Waare abzusetzen bemüht ist. Hierin gerade liegt für kleine Unternehmer der Hauptvortheil, wobei ihm der Umstand, daß der Geschmack sehr verschieden ist, und daß es bei der großen Verschiedenheit der Individualität und Bildung Leute giebt, welche wenig oder gar keinen Geschmack haben, und daß Letztere bei weitem die Mehrzahl ausmachen, ganz vorzüglich zu statten kommt.

Diese Classe von Leuten zu übervortheilen, wäre unchristlich, und fern sei es von uns, dazu Anleitung geben zu wollen; allein einen mäßigen Nutzen von ihnen zu nehmen, ist um so eher erlaubt, als es hinwieder auch Menschen giebt, die nichts gut und wohlfeil genug bekommen können, und selbst das Ausgezeichnetste nicht nach ihrem Geschmacke finden.

Da die Fabrikation der Cigarren sehr einfach ist und ihr durchaus keine wissenschaftlichen Principien, sondern nur einige auf Erfahrung beruhende zum Grunde liegen, so kann es nicht unser Plan sein, schon bestehenden größern Etablissements eine Anleitung dazu geben zu wollen; vielmehr ist unser Bestreben einzig dahin gerichtet, weniger bemittelte Personen auf diesen Erwerbszweig aufmerksam zu machen und ihnen eine, auf Erfahrung beruhende, Anweisung in die Hände zu geben, welche sie ohne weitere Vorkenntnisse in den Stand setzt, denselben zu betreiben und sich dadurch einen anständigen und rechtlichen Erwerb zu verschaffen. Ist es eine allgemein bekannte Sache, daß unter Allen, die nach Gewinn trachten, die überwiegende Mehrzahl aus solchen Personen besteht, denen nur mäßige Mittel zum Behufe einer Geschäftsbegründung zu Gebote stehen, und daß solche unter den heutigen Zeitverhältnissen um so mehr mit Widerwärtigkeiten und Hindernissen zu ringen und zu kämpfen haben, als nur noch der große Umfang eines Geschäfts, und die dadurch erlangten Vortheile die Rentabilität desselben bedingen: so glauben wir, darf jede Bemühung auf Anerkennung rechnen, welche dahin gerichtet ist, den aus eben beregten Umständen hervorgehenden, die Nahrungslosigkeit und beziehungsweise den Pauperismus befördernden, immer mehr hervortretenden Mißverhältnisse einige, wenn auch nur geringe Abhülfe zu gewähren.

Diese Ansichten waren es, welche uns veranlaßten, unsere Erfahrungen über die Cigarrenfabrikation zusammenzustellen. Die daraus hervorgegangene vorliegende Anweisung zerfällt in die Belehrung über:

I. Die rohen Tabake, deren Produktion und verschiedene im Handel vorkommende Sorten;
II. deren Qualification und Vorbereitung zur Cigarrenfabrikation;
III. die Anfertigung der Cigarren, und deren weitere Verarbeitung zu Handelswaare.

# I. Die rohen Tabake,
deren Production und verschiedene im Handel vorkommende Sorten.

Die erste Nachricht über den Tabak und dessen Gebrauch verdanken wir einem spanischen Mönche, Namens Roman Pane, welcher Christoph Columbus auf seiner zweiten Reise nach Amerika (1496) begleitete und dort zurückblieb, um die Sprache, Lebensart und Gebräuche der Eingeborenen kennen zu lernen. Er traf ihn zuerst auf der Insel St. Domingo an, wo Wahrsager und Priester sich desselben bei ihren Gaukeleien bedienten, und beschreibt auch zugleich in einem noch vorhandenen spanischen Aufsatze die zweizackige Pfeife, aus welcher die Wilden rauchten.

Hermanez de Ovideo, der um das Jahr 1535 als Beamter in Domingo lebte, hat das Verdienst, die Europäer von Neuem auf dieses edle Kraut aufmerksam gemacht zu haben, und zwar mit solchem Erfolge, daß sich die Spanier bald darauf ebenfalls an das Rauchen des ihnen aus Amerika zugehenden Tabaks gewöhnten. Die weiteste Verbreitung indessen erhielt der Tabak durch Johann Nicot, Gesandter Franz des Zweiten, Königs von Frankreich, welcher im Jahre 1558 in Lissabon residirte. Nicot erhielt von einem aus Amerika zurückgekehrten flamändischen Kaufmanne eine Partie Tabaksblätter und Tabakssamen, so wie die Anweisung zum Gebrauche der ersteren.

Obgleich Nicot, so wie alle Andern, welche zum ersten Male diesem neuen Genusse des Tabakrauchens huldigten, davon betäubt und unwohl wurde, so scheint doch der Reiz der Neuheit Veranlassung zur Nachahmung und bald darauf erfolgender allgemeiner Einführung des Tabakrauchens geworden zu sein.

Da mit dem Kraute von Amerika auch zugleich die Nachrichten über seinen wunderbaren Erfolg bei der Anwendung in verschiedenen Krankheiten eingingen, so versuchte man auch in Europa, es bei verschiedenen Uebeln, namentlich äußerlich, anzuwenden. Der Verwandte eines Pagen des Gesandten heilte sich den Krebs, der ihm schon den Knorpel von der Nase weggefressen hatte; sein Haushofmeister curirte den Koch, der sich fast die ganze Pulsader der Hand abgeschnitten hatte, durch einige Umschläge von diesen Blättern.

Diese Wundercuren erschollen bald durch die ganze Umgegend. Alles rannte herbei, um sich von diesem Kraute zu verschaffen, und so mögen auch diese wohl zur schnellen Weiterverbreitung und zum anderweitigen Gebrauche dieser Pflanze mit beigetragen haben. Nicot hatte inzwischen auch den Samen in seinem Garten gesäet, wo das Kraut sehr gut gedieh und bald in solcher Menge wuchs, daß man den Bitten und Anforderungen des Volkes genügen konnte. Letzteres fing daher an, dasselbe Gesandten-Kraut, Ambassadeur-Kraut zu nennen, wogegen ihm Nicot den Namen **Nicotiana** beilegte, den es bekanntlich in der Botanik bis auf den heutigen Tag behalten hat.

Als Nicot nach Frankreich zurückgekehrt war, zeigte er es bei Hofe, und erzählte zugleich von seinem Gebrauche und seinen wunderbaren Wirkungen, worauf es die Mutter der Königin Katharina von Medicis sogleich in dem königlichen botanischen Garten pflanzen ließ und nachher sogar, als sich der Erfolg bei mancher Anwendung bestätigt hatte, mit ihrem Namen belegte, wornach es eine geraume Zeit hindurch **Herba Catharinae, Herba Medicea,** auch Königs-Mutterkraut genannt wurde. Aus dem königlichen Garten wanderte der Tabak sehr bald als Modekraut in viele französische Gärten über, von wo er sich nach und nach über alle europäischen Länder verbreitete.

Der Gesandte des Papstes am französischen Hofe, **Nikolaus Tornabona,** übersandte es seinem Onkel, dem Bischof Alfons in Italien, wo man es lange **Tornabona** nannte. Durch den päpstlichen Nuntius am portugiesischen Hofe, **Prosper Poblicola de Sancta Croce,** kam er nach Rom, wo ihn alsbald die Kardinäle rauchten. Nach Deutschland soll der Tabak zuerst 1565 an den in Augsburg derzeit lebenden Doctor Adolph Occo aus Frankreich übersandt sein, worauf er in die Hände des Johann Funck, Arzt in Memmingen, wanderte, der dem Botaniker Conrad Gesner ein Geschenk damit machte, wobei sich jedoch später ergab, daß ein gewisser Professor Aretius in Bern schon vorher dieses Gewächs in seinem Garten zog. Nach Andern hat Johann Nicot ein geringeres Verdienst um die Verbreitung des

Tabaks, indem Andere vor ihm den Samen nach Frankre brachten.

In den Jahren 1550 bis 1560 nämlich hatten vier andere Männer Amerika besucht und ebenfalls die Bekanntschaft dieses Gewächses gemacht. Diese waren: Hieronymus Benzono, ein Mailänder, der längere Zeit in Mexiko war; dann Andreas Thevet, ein französischer Mönch, der 1555 und 1556 in Brasilien gewesen und den ersten Samen nach Frankreich gebracht haben soll. Etwas später kam der Franzose Lerry nach Brasilien, der ebenfalls in seinen Nachrichten des Tabaks und seines Gebrauchs erwähnt; und ebenfalls noch um das Jahr 1560 hielt sich der Spanier Franz Fernandez in Mexiko auf, der in seiner Naturgeschichte dieses Landes nicht minder dieses Kraut und seinen Gebrauch aufführte.

Eben so behaupten Einige, daß der Tabak nicht auf dem oben erwähnten Wege, sondern durch die spanischen Soldaten unter Karl V. in Deutschland bekannt geworden, und seit 1659 zu Suhl im Hennebergischen, seit 1676 in der Mark Brandenburg und seit 1697 in der Pfalz und im Hessischen angebaut sei. Nach England wurde der Gebrauch des Tabaks durch Raphelangi verpflanzt, der ihn 1558 in Virginien bei den Wilden kennen gelernt hatte; nach Andern soll er durch Franz Drake oder Richard Grenville dahin verpflanzt sein. In Holland lernte man den Tabak zuerst durch, in Leyden studirende Engländer kennen, und im Jahre 1615 fing man an, in der Gegend von Amersfort Tabak zu bauen; im Jahre 1630 gab es schon funfzig Tabakspflanzer daselbst, deren Anzahl 1670 schon auf einhundert und zwanzig gestiegen war.

---

Man kennt in der Botanik an zwanzig verschiedene Sorten Tabak, von denen folgende sieben die hauptsächlichsten sind:
1) Der gemeine Tabak, Nicotiana tabacum;
2) der Bauerntabak, Nicotiana rustica;
3) der strauchartige, Nicotiana fructicosa;
4) der Jungferntabak, Nicotiana paniculata;
5) der brennende, Nicotiana urens;
6) der klebrige, Nicotiana glutinosa;
7) der kleine Tabak, Nicotiana pusilla.

In ihrem Vaterlande ist die Tabakspflanze perennirend, bei uns hingegen nur einjährig. Doch zieht man sie auch in Amerika alle Jahr auf's Neue aus Samen, indem ältere Stämme Blätter von geringerer Qualität liefern. Die Güte des Tabaks wird hauptsächlich durch das Klima bedingt, indem dieses ziemlich warm sein muß, weßhalb denn auch Amerika den besten und theuersten Tabak liefert, gegen den die verschiedenen europäischen Sorten sämmtlich weit zurückstehen. Das in Amerika übliche Verfahren zur Cultur des Tabaks ist von dem, welches durch das dem Tabaksbau weniger günstige Klima in Europa bedingt wird, wesentlich verschieden. Wir übergehen das erstere, wogegen wir das letztere nach seinen Hauptzügen in Kürze beschreiben wollen.

Man säet den Tabakssamen, von dessen Güte man überzeugt ist, in der zweiten Hälfte des Monat März (den 20sten) in gut bereitete, warme Mistbeete, die nach Mittag gelegen, und durch Fenster, erforderlichenfalls auch durch Strohmatten vor Kälte geschützt werden. Die Erziehung kräftiger Pflanzen, welche zur rechten Zeit (vom 1. bis zum 10. Mai) in's freie Land versetzt werden können, ist die Grundlage zum Gelingen der europäischen Tabakscultur, so wie nicht minder von dem wesentlichsten Einflusse auf die Qualität des zu gewinnenden Produkts. Da die Tabakspflanzen nämlich zu ihrer Ausbildung bis zur Ernte einen längern Zeitraum erfordern, der sich, wenn man gute, reife Blätter ernten will, nicht abkürzen läßt, als dieses die unserm Klima angehörigen Pflanzen verlangen, so ist es erforderlich, daß die Pflanzen, welche gegen den Frost und rauhe Witterung sehr empfindlich sind, unter Mitwirkung künstlicher Wärme erzogen werden, um sie bereits zur erforderlichen Größe gebracht zu haben, wenn die hiesigen Landes eintretende Frühjahrswärme deren Verpflanzen in's freie Land erlaubt.

Sobald die Pflanzen das fünfte Blatt getrieben haben, verpflanzt man sie bei günstigem, warmem Wetter, dem Regen vorausging, in den für sie bestimmten, mittelmäßig fetten und lockern Boden, der vor Nordwind geschützt gelegen und mäßig gedüngt ist. Die Versetzungszeit der Pflanzen richtet sich nach der Witterung und erstreckt sich vom 10. Mai bis höchstens zum 10. oder 15. Juni. Man setzt die Pflanzen zwei Fuß von einander entfernt, und behält in den Pflanzenbeeten eine Anzahl zurück, um diejenigen, welche durch das Umpflanzen ausgehen, wieder ersetzen zu können. Eine geringere Entfernung der Pflanzen von einander als zwei Fuß, ist nicht allein nicht vortheilhaft, sondern nachtheilig, indem sie sich nicht gehörig entwickeln können. Haben sich die Pflanzen erholt, so schreiten sie im Wachsthum, falls die Witterung warm und günstig ist, muthig fort. Man hat alsdann nur den Acker vom Unkraut rein zu erhalten, öfter durchzubacken und aufzulockern, um den Sauerstoff der Luft den Wurzeln zugänglich zu machen und sie dadurch zu kräftigen, so wie die Erde um die Pflanzen herum anzuhäufeln.

Ein mächtiges Beförderungsmittel des Wachsthums der Pflanzen ist das zur Feuchterhaltung des Bodens erforderliche Wasser. Regnet es nicht abwechselnd, so ist es daher von ganz besonderem Vortheil, wenn man das Land auf künstliche Weise bewässern kann, welches sich nach Maßgabe der Lokalität auf verschiedene Weise bewerkstelligen läßt. Je nachdem die eben erwähnten Arbeiten mit Sorgfalt ausgeführt werden, die Witterung mehr oder wenig günstig ist, entwickelt sich die junge Pflanze kräftig, treibt alsbald die äußersten Blütenknospen und schießt, wenn man sie so ruhig fortwachsen läßt, zum Nachtheile der Qualität der Blätter, sehr bald in Samen. Um dieses zu vermeiden, und den darauf unnütz verwendeten Nahrungssaft zum Gedeihen der Blätter zurückzuhalten, bricht man die Krone der Pflanze, so wie der Nebenschüsse, ab, sobald diese so groß ist, daß sie aus der Staude frei hervorsteht und sich mit den Händen ergreifen läßt, welche Arbeit man das Abgipfeln oder Köpfen nennt. Nach diesem Ausbrechen zeigen sich in der Regel gegen Ende Juni eine Menge Schößlinge (Geiz), welche, da ihre Blätter als Tabak gar keinen Werth haben, wiederholt entfernt werden müssen. Gegen Ende des Monats August und Anfangs September beginnt die Ernte, deren Eintritt durch die von der Witterung mehr oder weniger begünstigte Reife der Blätter bedingt wird. Die letzten erkennt man daran, daß die anfänglich lebhaft grünen, hernach bräunlich gefärbten Blätter beginnen matt und dunkelgelb zu werden und beim Zusammenlegen brechen.

Die Ernte der Blätter geschieht zu drei verschiedenen Malen. Die untersten Blätter werden zuerst reif und abgebrochen oder abgeblattet; hierauf, etwa acht Tage später, die mittleren und wieder nach acht bis zehn Tagen endlich die obersten Blätter, welche zuletzt reif werden. Man gewinnt auf diese Weise drei verschiedene Sorten rohen Tabaks, welchen die Anbauer schweren, mittleren und leichten Tabak zu nennen pflegen. Ersterer, auch Erdgut genannt, ist von den untersten Blättern und nicht so wohlschmeckend, dann der mittlere von den mittleren, und endlich der leichte von den obersten Blättern der Pflanze. Man erntet von einem Magdeburger Morgen, je nachdem die Witterung der Vegetation der Tabakspflanze mehr oder weniger günstig gewesen ist, 5 bis 10 Centner trockne Blätter.

Die Blätter werden nun mit der zu ihrer Ganzerhaltung erforderlichen Vorsicht nach Hause transportirt, um dann sogleich einem Processe zu unterliegen, welchen man das Schwitzen nennt. Sie werden zu diesem Zwecke auf einer Scheunentenne, oder einem Boden 3 bis 4 Fuß hoch über einander gelegt und bleiben so liegen, bis sich in dem Haufen eine mäßige Wärme entwickelt hat, welche sich, wie ganz natürlich, in der Mitte am stärksten zeigt, und sich den ganz unten und obenauf liegenden Blättern weniger mittheilt. Aus diesem Grunde wird der Haufen, wenn er in der Mitte die erforderliche Hitze von ungefähr 30° R. angenommen hat, aus einander genommen und umgepackt, so daß die Blätter von oben und unten in die Mitte zu liegen kommen, oder man macht neue Haufen, indem man die in den ersteren nicht warm gewordenen Blätter allein legt. Dann macht man von den hinlänglich erwärmten Blättern eines Haufens die ungefähr 1 Fuß hohe unterste Lage eines neuen Haufens, legt die zurückgelegten kalt gebliebenen Blätter in die Mitte und bedeckt denselben mit jenen schon hinlänglich erwärmt gewesenen Blättern.

Man bezweckt durch dieses Gährungsverfahren eine gleichmäßige Erwärmung des Tabaks und bewirkt, daß die Blätter schon beim Trocknen eine bräunere Farbe annehmen, als es ohnedieß der Fall sein würde, und daß sie sich bequemer und hinsichtlich des Ganzbleibens vortheilhafter aufreihen lassen. Die ganze Operation ist ein Oxydationsproceß, wobei, wie bei allen anderen Vegetabilien, durch Einwirkung des Sauerstoffs die braune Farbe der Blätter hervortritt. Nach Beendigung derselben werden die Blätter dünn, einige Zoll hoch, aus einander gelegt und mittelst Packnadeln auf Bindfaden gezogen, welches sehr bald geschehen muß, damit die Blätter nicht in Folge des zu langen Uebereinanderliegens anfaulen. Die aufgereiheten Blätter werden nun zum Trocknen durch Zugluft auf einem Boden, oder in eigenen Trockenhäusern so aufgehängt, daß sich die einzelnen Reihen nicht unter einander berühren, und der Luft ein genügender Circulationsraum verbleibt.

Sobald sich beim Drücken der Blätter zwischen den Fingern, besonders aber der dickeren Rippen derselben, keine Feuchtigkeit mehr zeigt, ist der Tabak hinlänglich trocken und wird abgenommen, was man bei feuchter Witterung, welche die Blätter weicher und geschmeidiger macht, und dadurch mehr ganz erhält, vornimmt. Nach dem Trocknen unterliegen die Blätter einer ferneren Bearbeitung, welche man das Strecken nennt. Man nimmt die Schnüre ab, zwei Leute ziehen sie straff an und legen sie nieder, so daß sämmtliche Blätter eine Richtung bekommen, und mit der durch sie gehenden Schnur einen rechten Winkel bilden. Nun legt man eine zweite Schnur eben so in gleicher Richtung auf die erste, so daß die Blätter der ersten um 2 Zoll unter der zweiten hervorragen. Auf gleiche Weise wird nun die dritte, vierte und folgende Reihe aufgelegt, bis man, mit jeder derselben um 2 Zoll weiter schreitend, einen Raum von einigen Ellen Länge bedeckt hat, womit die unterste Lage vollendet ist.

Auf diese Weise sind in der ganzen Lage stets die untersten Enden der Blätter jeder Reihe zu sehen, während die Stiel-Enden stets durch eine folgende bedeckt sind. Auf diese unterste Lage bringt man nun in ganz gleicher Art eine zweite, dritte und vierte, so daß Haufen von 2 bis 3 Ellen Höhe gebildet werden. Diese Haufen, Streckhaufen genannt, läßt man nun so lange stehen, bis sie sich gesetzt haben und merklich zusammengesunken sind, wodurch die Blätter ein schönes, lang ausgestrecktes und egales Ansehen bekommen, was indessen mit der obersten Lage wegen mangelnden Druckes nicht der Fall ist, weßhalb man die letztere wohl mit einigen Brettern belegt.

Haben sich die Blätter hinlänglich gestreckt, so erfolgt das Einbinden, indem durch längeres Stehen in Haufen ein Gewichtsverlust herbeigeführt wird. Das Einbinden geschieht, indem man so viele Schnüre, als zu einem Gewicht von 10 bis 15 Pfund erforderlich sind, so zusammenlegt, daß oben und unten Enden der Blätter zusammen zu liegen kommen, worauf man ein Bündel daraus formirt, welches man ungefähr 5 Zoll unter den Rippenenden, den Stielen der Blätter, mit einem dünnen Strohseile umbindet.

Man bringt diese Bunde nun so in den Handel, oder läßt sie, was zur Veredlung der Blätter und zur längern Conservation des Tabaks unerläßlich ist, zum Gähren liegen, welche Arbeit durch höhere Preise hinlänglich belohnt wird. Dieses geschieht, indem man den gestreckten Tabak zu 4 bis 5 Pfund zusammenlegt und nun mittelst eines Strohseiles Bunde von 3 bis 4 Zoll Höhe und 10 bis 15 Zoll Breite daraus bildet. Aus diesen Bunden nun baut man Haufen, sogenannte Fermentationshaufen, so daß die Spitzenenden immer bedeckt sind, und nur die Rippenenden frei zu stehen kommen. Man legt auf eine Länge von 4 bis 6

Ellen ein Bund neben das andere, alle mit den Rippenenden gegen die Wand gekehrt. Auf diese Reihe legt man eine zweite, dergestalt, daß die Spitzenenden der Blätter auf die Rippenenden der darunter befindlichen Reihe zu liegen kommen, und fährt so fort, bis man eine Wand von 6 bis 8 Fuß Höhe gebildet hat. Neben diese erste Wand erbaut man in gleicher Art eine zweite und so fort, bis man ein Quadrat gebildet hat.

Nach Maßgabe der Witterung, ob solche warm oder kalt, beginnt die Gährung früher oder später, und schon nach einigen Tagen erwärmt sich die Mitte der Haufen; es entwickeln sich Wasserdämpfe, welche sich auf den obersten kälteren Lagen zu Wasser verdichten und diese naß machen. Man achtet nun darauf, daß die Haufen in der Mitte nicht zu warm werden, wodurch die Fermentation zu weit getrieben und die Blätter schwarz werden würden, und nimmt sie aus einander, sobald sich aus der Mitte der Haufen ein angenehmer, dem frisch gebackenen Schwarzbrote nicht unähnlicher Geruch entwickelt. Man setzt nun den Stapel um, und legt die Bunde aus der Mitte zu unten und zu oben, und diejenigen, welche zuerst die äußeren Seiten eines Haufens bildeten, in die Mitte, worauf man die Fermentation wieder beginnen läßt. Die zuvor naß gewordenen Bunde darf man nicht zusammen in die Mitte eines Stapels bringen, sondern muß sie durch trockene von einander trennen, oder zuvor abtrocknen lassen, ehe man sie in einen neuen Stapel bringt. Dieses Umsetzen wiederholt man so lange, bis die Fermentation vollendet ist.

Nie darf man einen Haufen in zu große Hitze kommen lassen, sondern stets muß die Fermentation, wenn auch auf Unkosten der Zeit, mit geringer Hitze bewirkt werden. Man verrichtet diese Arbeit mit dem im Herbste getrockneten Tabak meistens erst mit Beginn des folgenden Frühjahrs, März oder April, weil dann die Luft wärmer ist, die Dämpfe mehr verfliegen als sich verdichten, und die äußern Bunde nicht so naß werden, andernfalls aber auch leichter wieder zu trocknen sind.

Der ausgegohrene Tabak wird nach dem Auseinandernehmen gelüftet, getrocknet, und kann dann in Stapel zusammengelegt werden, welche man jedoch nie unmittelbar auf dem Erdboden aufbauen darf, indem er sonst, unter Begünstigung der demselben entsteigenden Feuchtigkeit, schimmelig wird und verdirbt.

So geht der Tabak nun aus den Händen des Anbauers in den Handel über und gewinnt an Qualität um so mehr, je länger er vor der weitern Verarbeitung lagert.

Unterziehen wir nun die im Handel vorkommenden Tabakssorten einer nähern Erörterung und beginnen mit den, hinsichtlich
der Güte stets obenan stehenden amerikanischen Tabaken.

## I. Amerikanische Tabake.

Dieselben werden Deutschland zum größten Theile über Bremen zugeführt.

1) Der **Havanna** oder **Habanna, Cabannos** genannt, ist die ausgezeichnetste aller amerikanischen Tabakssorten, von hellbrauner und brauner Farbe und sehr angenehmem Geruch; er wird mit den höchsten Preisen bezahlt. Er stammt von der, den Spaniern gehörenden Insel Cuba, wo er in der Umgegend der Hauptstadt derselben, Havanna, gebaut wird. Ein großer Theil wird in Havanna theils zu Cigarren, welche als die besten und theuersten gelten, und mit 60 bis 80 Thlr. pro Kiste prima Qualität bezahlt werden, theils zu Rollentabak verarbeitet, welcher, zu sechs Stück in Körben verpackt, als Rollenkanaster zu uns kommt. Derjenige Theil, welcher als roher Blättertabak ausgeführt wird, ist in Leder, sogenannten Suronen, von 400 bis 500 Pfd. Gewicht verpackt, in welcher Gestalt er durch den Handel bezogen wird.

2) Der **Cuba** stammt ebenfalls von derselben Insel, woher er den Namen führt, und ist meistens dunkler von Farbe, als die vorige Gattung, der er in seiner Qualität indessen nachsteht und deßhalb auch billiger ist. Die Blätter sind meistens kleiner als die des Havanna, in beliebig große Bündel oder Büschel zusammengebunden und in Suronen verpackt.

3) Der **Domingo**, von der Insel Domingo, ist ein fetter, mehr dunkel als hell gefärbter Tabak, von angenehmem, leichtem Geschmack, der in der Cigarrenfabrikation vielfach, wegen der Größe und Schönheit seiner Blätter, besonders zu Deckern benutzt wird. Er wird in Körben und Fässern verschickt.

4) Der **Portoriko**, von der Insel gleiches Namens stammend. Er ist hellbraun, hat ein dünnes, feines Blatt und besitzt einen milden, leichten Geschmack.

5) Der **Martinique** ist von tiefbrauner, schwärzlicher Farbe. Außer in Blättern, kommt er auch in Rollen gesponnen zu uns.

6) Der **Carolina**sche Tabak, eine vortreffliche, fette Sorte, kommt aus Carolina, von wo er zum Theil nach Virginien und von da nach Europa versendet wird.

7) Der **Maryland**, auch Oronoko genannt. Er stammt

aus dem Staate Maryland, steht in großem Rufe, wird in Menge gebaut und nach Europa versendet.

Durchschnittlich werden jedes Jahr 30,000 Ballen ausgeführt. Er ist meist braun von Farbe und kräftiger vom Geschmack, als der Virgini. Nach der Farbe der Blätter werden sie in verschiedene Arten eingetheilt: die feinen goldgelben Blätter sind die besten und theuersten; die gelb und hellbraun markirten sind geringer. Beim Einkaufe wählt man am vortheilhaftesten die gemischten Sorten; man erhält sie wohlfeiler, als die bereits sortirten gelben Blätter, welche man selbst auslesen lassen kann. Der beste ist der Maryland Bay, von gelber, in's Grüne stechender Farbe; dann kommt der Scrubs und der Somborn.

8) Virgini, den man am besten in den Gegenden um die Flüsse New-York und James erbaut. Er kommt in dunklen und hellen Blättern vor, und wird in Fässern von 1000 bis 1500 Pfund in den Handel gebracht. Der beste virginische Tabak heißt Sweet sented (süß riechender), woraus die gemeine Aussprache Swietsent oder Suicent gemacht hat. Man unterscheidet die feinste und fetteste Sorte oder Carottengattung, eine minder fette, und virginischen Rauchtabak. Je dunkler und fetter die virginischen Blätter, desto mehr werden sie geschätzt.

9) Der Curaçao stammt von der Insel Domingo und ist dem Domingo gleich zu schätzen.

10) Der Brasil; er wird in großer Masse in Brasilien erzeugt und kommt theils in Blättern, theils zu Rollen versponnen, in den Handel. Er ist gelbbraun von Farbe und von angenehmem Geruch.

11) Der Maranhantabak, ist dem vorigen sehr ähnlich.

12) Der Seadleef. Dieser noch nicht sehr lange im Handel vorkommende Tabak wird im Staate Ohio gebaut, und liefert dunkel- und hellbraune, weniger gelbe Blätter, von leichtem, etwas fadem Geruch. Er wird zu den billigen Seadleef-Cigarren gebraucht.

13) Der Florida, eine ebenfalls neu eingeführte, aus dem zu den nordamerikanischen Freistaaten gehörenden Gebiet Florida stammend. Er kommt in hell- und dunkelbraunen, so wie in gelben Blättern von sehr angenehmem Geruch, vor. Er liefert das Material zu den neuerlich so sehr beliebten und in Aufnahme gekommenen Florida-Cigarren.

14) Der Louisiana, aus der Provinz gleiches Namens in Nordamerika. Er ist das längste und breiteste Tabaksblatt, von

schöner dunkler und heller Farbe, und deßhalb vorzüglich als Deckblatt brauchbar. Der Geruch ist leicht und angenehm, weßhalb auch die beliebte, unter dem Namen Louisiana bekannte Tabakssorte stets in Aufnahme bleibt.

15) Kentucky, aus dem Staate Kentucky. Ein schönes, verschiedenfarbiges, großes Blatt, das im Geruch dem Maryland ähnlich, doch nicht so kräftig ist.

Die beschriebenen Sorten repräsentiren die wichtigsten, auf den Markt kommenden amerikanischen Tabaksgattungen. Den Varinas, eine Sorte von anerkannt ausgezeichneten Eigenschaften, welcher in dem, im Freistaate Venezuela belegenen Gebiete Varinas gewonnen wird, übergingen wir, weil er nur gesponnen in Rollen, als Varinasknaster, von gemischter, grüngelblich und brauner Farbe, nach Europa ausgeführt wird, und deßhalb bei der Cigarrenfabrikation keine Anwendung finden kann.

## II. Europäische Tabake.

1) **Holländische Tabake.** Holland erzeugt mehrere Tabakssorten von anerkannter Güte, die, obgleich das Klima eben so wenig wie das deutsche, und wohl noch weniger als letzteres, zur Hervorbringung guter Tabake geeignet scheint, nichts desto weniger die deutschen Tabake an Güte weit übertreffen. Daß die gute Beschaffenheit der Blätter nicht durch eine besondere Culturmethode, oder durch eine größere Sorgfalt dabei erzielt wird, geht aus Versuchen hervor, welche der nun verewigte Nathusius in Althaldensleben anstellte, der zu diesem Zwecke mehrere tüchtige Gärtner nach Holland geschickt hatte.

Die vorzüglichsten Sorten sind: a) der Amersforter, b) der Nieuwkerker und c) das sogenannte Bestgut. Alle drei Gattungen liefern hellbraune, schöne, große Blätter, von angenehmem, etwas süßlichem Geschmack, die sich, besonders der Amersforter, zu Deckblättern eignen, und dazu vielfach, selbst zu sehr feinen Cigarren mit Cuba=Einschluß, verwendet werden. Man bringt sie in folgenden Gattungen in den Handel, die sich hinsichtlich der Güte und des Preises in der Reihe folgen: Bestgut, Ausschuß, Erdgut, Sandgut, Suygers, unter welchen Benennungen man sie stets in den Preislisten der Tabaks=Engroisten aufgeführt findet.

2) **Ungarische Tabake.** Ungarn hat sehr starken Tabaksbau, besonders bei Gyarmoth und Palanka in der Großhonter Gespannschaft, bei St. Gotthard und Janoschsaza im Eisenburger

Comitate, wo der beste, der jenseits der Donau erbaut wird, sich findet; ferner bei Dorer in der Hemescher Gespannschaft, im ehemaligen Temeswarer Bannat u. s. w. Der ungarische Tabak ist bräunlich oder schwärzlich, fett, von ziemlich gutem, doch etwas fuseligem Geruch und sehr stark. Er geht besonders nach Oesterreich, nach Italien, auch in's Sächsische.

3) Der **slavonische** Tabak ist dem türkischen ähnlich und geht in großer Menge nach den italienischen Häfen.

4) Der **pobolische** ist nicht so fett als der vorhergehende; geht in's Oesterreichische, nach Pommern und Polen.

5) Der **Ukrainer**, eine ziemlich ordinaire und billige Tabaksorte, die hinsichtlich der Güte, aber auch im Preise, unter dem ungarischen steht.

6) Der **türkische** Tabak hat kleine, grünliche, bräunliche und hellgelbe Blätter, welche in Büscheln zusammengebunden sind. Er geht häufig nach Polen und Italien; in den deutschen Hansestädten findet man selten Läger davon. Geruch und Geschmack sind nicht angenehm, dabei ist er äußerst stark, narkotisch und betäubend.

7) **Deutsche Tabake.** Deutschland ist seit langer Zeit der größte Consument des amerikanischen Tabaks gewesen, und die daraus für ersteres hervorgehende Tributpflichtigkeit ist unstreitig der Hauptgrund gewesen, daß man in fast allen Ländern Deutschlands frühzeitig darauf bedacht war, durch eigenen Anbau dieser Pflanze den Tribut, wo nicht aufzuheben, doch zu vermindern. Es wird daher in Deutschland, in Vergleich zu den übrigen europäischen Ländern, der Tabaksbau am stärksten betrieben. Haben die anfänglich gehegten Erwartungen, den Tabak in gleicher Güte, wie in Amerika zu gewinnen, oder ihn durch vervollkommnete und dem deutschen Klima angemessenere Culturmethoden zu veredeln, längst ihre völlige Erledigung gefunden, so ist nichts desto weniger das aus diesen Bestrebungen hervorgegangene Resultat in so fern ein erfreuliches geworden, als das Produkt geeignet ist, den Anforderungen eines großen Theiles der Consumenten aus den weniger gebildeten Ständen zu genügen und durch Vermischung mit amerikanischen Blättern ein Produkt zu liefern, das auch der bessere Geschmack genießbar und erträglich findet.

In **Preußen** wird vorzüglich im Brandenburgischen bei Frankfurt a. O., in der Ukermark, in der Lausitz und in Schlesien viel Tabak gebaut; eben so wird er im Halberstädtischen und

(Cigarrenfabrikation.)

Magdeburgischen; auf dem Preuß. Eichsfelde und in Pommern erzeugt.

Bayern gewinnt viel Tabak in der Gegend von Nürnberg und Erlangen, der ein bedeutender Handelsartikel und in allen norddeutschen Tabaksfabriken zur Herstellung verschiedener Sorten Rauchtabak verwendet wird. In Hamburg ist er unter dem Namen Nürnberger bekannt; er hat schöne intensiv gelbe, große Blätter und wird hinsichtlich der Qualität dem Virgini fast gleich gestellt. In der Cigarrenfabrikation eignet er sich nur zum Einschluß, weil seine zu gelbe Farbe, welche leicht mißfällig und ordinair befunden werden könnte, ihn zu Deckblättern untauglich macht.

Hannover erzeugt viel Tabak am Eichsfelde bei Duderstadt, Nordheim, Eimbeck, bei Nienburg, Hoya, Leese und Stolzenau.

Der durch französische Emigranten früher in Ostfriesland eingeführte Tabaksbau ist wieder eingegangen.

Thüringen producirt viel Tabak bei Wasungen im Hennebergischen.

Mecklenburg, Braunschweig und Oldenburg erzeugen ebenfalls Tabak, obgleich die Produktion in den letztern beiden Staaten nicht von Bedeutung ist.

Im Hessischen wird der Tabaksbau bei Hanau, Witzenhausen und Fulda betrieben. Die Blätter sind schön gelb, groß und von gleicher Güte mit dem Nordheimer und Duderstädter.

Außer in den angeführten wird der Tabaksbau, wenn auch nur in geringem Umfange, fast in allen übrigen deutschen Staaten betrieben und das gewonnene Produkt an die zunächst gelegenen Tabaksfabriken verkauft. Die in verschiedenen andern Ländern, namentlich Rußland ꝛc., so wie in Asien und Afrika gewonnenen Tabake sind bis jetzt vom deutschen Handel völlig ausgeschlossen, weßhalb dieselben übergangen werden.

## II. Ueber die Qualification
### und Vorbereitung der Tabaksblätter zur Cigarrenfabrikation.

So lange das Cigarrenrauchen nur eine sehr eingeschränkte, bei Wohlhabenderen anzutreffende Sitte war, wurden ordinaire Cigarren gar nicht angefertigt, und zu der Fabrikation nur ausgesuchte amerikanische Blätter verwendet, welches um so eher zulässig war, als für das angefertigte Produkt sehr angemessene Preise bezahlt wurden. Diese Epoche ist indessen vorüber; auch der gemeine Mann will heutzutage seinen Antheil an diesem Genusse haben und zur Veränderung, statt der Pfeife Tabak, eine Cigarre rauchen. Ganz natürlich also, wenn der Fabrikant den Anforderungen dieser Leute, ganz in seinem Interesse, entgegenkommt und ein Produkt anfertigt, welches auch den Mitteln der unteren und untersten Volksklassen zugänglich ist. Hierdurch hat sich denn die Cigarrenfabrikation in sofern umgestaltet, daß dabei die vaterländischen Blätter nicht allein nicht mehr ausgeschlossen, sondern in Menge verbraucht, und die Preise der ordinairen Cigarren mehr durch die zu ihrer Herstellung erforderliche Arbeit, als durch das dazu verbrauchte Material bedingt werden.

Um daher die Cigarrenfabrikation mit Vortheil zu betreiben, hat man sich nicht allein mit amerikanischen, sondern auch mit deutschen Blättern zu versehen. Erstere bezieht man in einer, der Art des Geschäftsbetriebes angemessenen Auswahl von Bremen, welches darin den größten Markt besitzt, und hierin vor Hamburg den Vorrang behauptet. Es befinden sich daselbst gegen 60 bis 80 Tabaks-Engroisten, welche nur mit amerikanischen Blättern handeln, ganz Deutschland bereisen lassen und auch die österreichische Tabaksregie mit ihrem Bedarf versorgen.

Um sicher zu sein, stets gute Qualität zu angemessenen Preisen zu erhalten, ist es am rathsamsten, sich an ein gut renommirtes Haus zu wenden und nur mit diesem zu verkehren, solches mit den Bedürfnissen seines Geschäfts vertraut zu machen, und auf den Grund des aus der gegenseitigen Geschäftsverbindung für beide Theile hervorgehenden Interesses bei Vorkommen preiswürdiger Waare Anerbietung zu gewärtigen; so wie stete Nachrichten über die Conjuncturen, Ansichten und Meinungen über die Zukunft derselben, welche sich nur an großen Handelsplätzen aus den obwaltenden verschiedenen Umständen und Verhältnissen ableiten lassen, zu erhalten. Verkehrt man mit vielen, oder nur mit einer Anzahl von Häusern, so ist das Interesse derselben für den Fabrikanten natürlich in so fern geringer, als sie, wenn das Geschäft nicht von großer Ausdehnung ist, nur dann und wann einen verhältnißmäßig geringen Auftrag erhalten.

Noch besser ist es aber, wenn man am Platze selbst einen sachkundigen Freund besitzt, durch welchen man die Einkäufe besorgen lassen kann. Man darf sich dann nicht nur darauf verlassen, sein Interesse den besten Händen anvertraut zu haben, sondern hat auch den Nutzen, alle Vortheile zu genießen, welche die Lokalität der Stadt, als Seeplatz, darbietet, und welche aus Gelegenheitsverkäufen, als Auctionen und überhäufter Zufuhr oder Importation hervorgehen.

Deutsche Blätter kauft man von den Producenten selbst, und nimmt zu einem billigen Ankaufe den günstigsten Zeitpunkt wahr. Wenn dazu die erforderlichen Mittel nicht fehlen, so beruht in dem Ankaufe zu gelegener Zeit, oder bei sich darbietenden günstigen Umständen, ein großer Vortheil, um welchen man den, aus der nachherigen Verarbeitung der Blätter hervorgehenden Nutzen steigert, das Geschäft also lukrativer macht. In Ermangelung der zu einem solchen Betriebe erforderlichen Geldmittel hält es schwer, zu bestimmen, wobei man am vortheilhaftesten fährt: ob man die disponibeln Mittel mehr in Rohmaterial anlegt, oder durch fertige Waare repräsentiren läßt. Nach unserm Bedünken muß es auf den ersten Blick scheinen, als wenn man wohl thut, dieselben in rohen Tabaken anzulegen, weil man dadurch Zeit gewinnt, günstige Gelegenheit zum vortheilhaften Ankauf abwarten zu können. Hierdurch aber werden auf der andern Seite wieder Nachtheile bedingt, welche genügen, bei ungünstigen Umständen den, auf dem ersten Wege durch ein stärkeres Lager an Rohtabaken erlangten Vortheil nicht allein aufzuwägen, sondern sogar zu übersteigen. Diese Nachtheile bestehen darin, daß man einestheils dem fertigen Fabrikate nicht die erforderliche Zeit zur Ablagerung gönnen kann, sondern die Waare vor dieser Zeit, ohne die aus der Lagerung hervorgehende Qualitätsverbesserung, und folglich billiger verkaufen muß; anderntheils aber kann man hinwieder auch mit dem Verkaufe des fertigen Fabrikats nicht einen günstigen Zeitpunkt abwarten, sondern muß solches aus Geldmangel unter ungünstigen Umständen, vielleicht gar unter Preis, verkaufen.

Man ersieht hieraus, wie sehr die größere oder geringere Rentabilität dieses sowohl, wie jedes andern Handels= oder Fabrikgeschäftes, von einer durch die persönlichen Verhältnisse und Mittel eines Jeden, so wie durch specielle Umstände bedingten Politik abhängig ist, und daß allgemeine Rathschläge, womit vermeintlich kluge, näher beleuchtete, aber völlig unwissende und sachunkundige Leute stets immer eben so sehr bei der Hand sind, wie mit ihren unreifen Urtheilen, völlig werthlos sind und keine Beachtung verdienen. Ein Neuling wird daher in allen Fällen wohl thun, den

Mittelweg einzuschlagen und sich erst durch einen vorsichtigen Betrieb seines Geschäftes die zu einer größern Ausdehnung desselben erforderliche Erfahrung zu sammeln, — eine Maßregel, die bei jedem Unternehmen, wobei es sich um Gewinn und Verlust handelt, nicht genug zu empfehlen ist.

Ist man im Besitze der erforderlichen Blätter, so geht es an die Verarbeitung derselben. Die erste, mit den rohen Blättern vorzunehmende Manipulation besteht in dem Anfeuchten, wodurch man beabsichtigt, denselben die Sprödigkeit zu benehmen, und zu verhindern, daß sie bei der nachherigen Verarbeitung nicht zerbrechen oder zerfallen. Wenn die Blätter zerfallen, sind sie zu nichts weiter zu verwenden, als zur Einlage, häufig auch nicht einmal dazu, sondern kommen zwischen den Abfall, von dessen Verwerthung unten die Rede ist. Da aber in jeder Tabaksgattung immer mehr schlechte als gute Blätter vorkommen, folglich an Material zur Bildung der Einlage weit weniger Mangel ist, als an schönen, ganz erhaltenen, zu Deckern sich eignenden Blättern, so muß das Anfeuchten derselben stets mit der gehörigen Sorgfalt ausgeführt werden. Man verrichtet es, indem man die zuvor aus einander genommenen Bündel mittelst eines Pinsels, oder eines feinen Besens mit Wasser bespritzt, oder auch durch Wasser zieht, welches in einem Zuber zur Hand steht. Das letztere verdient, weil es gleichmäßiger wirkt, bei allen Blättern, ohne Ausnahme, den Vorzug. Man zieht sie schnell hindurch, schwingt sie durch die Luft, oder schüttelt sie, um das überflüssige Wasser zu entfernen, und legt sie dann auf einen Haufen, um es gleichmäßig einziehen und die Blätter sich gegenseitig durchfeuchten zu lassen. Sind die Blätter dick und starkrippig, so verweilt man etwas länger im Wasser, um es länger und tiefer einwirken zu lassen, wohingegen dünne Blätter nur theilweise durch Wasser gezogen werden dürfen, um sie nicht zu sehr zu durchnässen, worauf man die durchnäßten dann mit trockenen Blättern schichtet, und sie gleichmäßig anfeuchtet. Das Anfeuchten der Blätter geschieht immer 24 bis 36 Stunden vor deren Verarbeitung, richtet sich jedoch nach der Stärke der Blätter und wird, wenn letztere beträchtlich ist, mit Vortheil wenigstens schon 48 Stunden bis 3 Tage vorher vorgenommen.

Tabaksgut, das von Haus aus nur zu Einlagen bestimmt ist, darf nur durch mäßiges Besprengen angefeuchtet werden, um ein Zerbrechen desselben zu behindern, würde hingegen durch das oben erwähnte Verfahren zu weich werden, um dem beim Rollen auszuübenden Drucke Widerstand leisten zu können und nicht zu

sehr zusammengepreßt oder verdichtet zu werden, in Folge dessen
die Cigarre die Luft nicht durchläßt, nicht zieht oder brennt.

Aus den so vorbereiteten Blättern werden nun die darin befindlichen Rippen entfernt, welche Arbeit man das Entrippen oder Abstreifen nennt, indem diese ihrer Steifigkeit wegen zu dem in Rede stehenden Zwecke untauglich sind. Die hierbei erforderliche Manipulation ist einfach und leicht, und kann auf jede dem Ausübenden handgerechte und geläufige Weise ausgeführt werden, wenn nur der Zweck erreicht wird, welcher darin besteht, die Rippen unter Ganzerhaltung der ihr zur Seite liegenden beiden Blätterhälften zu entfernen. Am einfachsten geschieht dieses, wenn man das Blatt mit der linken Hand bei dem Spitzenende ergreift, die rechte Seite desselben dem Gesichte zukehrt, es an seinem obersten Theile einknickt und nun, von dem entstandenen Knick an die rechte Hälfte des Blattes, mittelst der rechten Hand, von der Rippe abzieht; hierauf ergreift man das spitze Ende der Rippe mit der rechten Hand und zieht mittelst der linken die linke Hälfte des Blattes ab, wodurch man die Rippe isolirt zurückbehält. Die obere Seite eines Blattes ist die rechte; sie ist glatt, während die untere, welche sich durch das Hervorstehen der Rippe und bei vielen Sorten durch ihre Rauhheit charakterisirt, die verkehrte genannt wird.

Durch Uebung erlernt man bei dieser Arbeit noch manche Handgriffe, welche dieselbe erleichtern und beschleunigen hilft; eben so zeigt die Erfahrung, daß es bei manchen Blättern leichter ist, sie mit der verkehrten Seite nach oben gekehrt, abzustreifen. Beides läßt sich bei Blättern einer und derselben Gattung, je nach dem Wuchse des Blattes, ausführen, und nur die Erfahrung kann durch das Ansehen eines Blattes entscheidend beurtheilen, welches Verfahren das leichteste ist und wobei das Blatt am sichersten ganz erhalten wird.

Ist ein Blatt schadhaft, so daß es nur zu Einlagen brauchbar ist, so braucht man natürlich, wenn es ein kleines Blatt ist, die Rippe gar nicht, oder doch nur theilweise zu entfernen, indem man nur das dickere Ende desselben hinwegnimmt, das Spitzenende aber, nach Maßgabe der Umstände, bis zu einem Drittheil oder auch wohl über die Häfte der Länge des Blattes sitzen läßt.

Verarbeitet man fette schwere Blätter, ist der Tabak übelriechend und will man ihn verbessern oder parfumiren, so gehen den bisher beschriebenen beiden Arbeiten noch einige im Folgenden näher zu beschreibende Zubereitungen vorher, wodurch die erste, oder das Anfeuchten, dann völlig überflüssig gemacht wird. Fetten, schweren, dunkelgefärbten Blättern, welche beim Rauchen zu stark sein würden — weil sie die narkotischen Bestandtheile im concentrirtesten Maße enthalten, pflegt man das Uebermaß dieser Stoffe durch eine Operation zu entziehen, welche man das Wässern oder Auslaugen nennt. Sie hat, wie aus dem oben Gesagten hervorgeht, den Zweck, den Blättern nur einen Theil, nicht aber den sämmtlichen Gehalt der erwähnten Stoffe zu entziehen und muß demgemäß angemessen ausgeführt werden, welches auf folgende Weise bewerkstelligt wird.

Man schichtet die fetten Blätter in einen Zuber, dessen Größe der Menge der auszulaugenden Blätter entspricht, und denselben auch Platz zum Aufquellen übrig läßt, übergießt dieselben mit kaltem Wasser, so daß es eine Hand hoch darüber steht, drückt die Blätter wiederholt mit den Händen auf den Boden hinab, und läßt sie vierundzwanzig Stunden ruhig stehen. Das Wasser hat nach Verlauf dieser Frist einen großen Theil der zu entfernenden Stoffe aufgenommen und ist dunkelbraun gefärbt. Man gießt es ab, schöpft eine neue Portion frischen Wassers auf, womit man die Blätter in eine leichte Bewegung setzt, entfernt zuletzt auch dieses, nimmt die Blätter heraus und läßt dieselben, ohne sie einer Pressung zu unterwerfen, hierauf so weit durch Zugluft oder Stubenwärme wieder abtrocknen, daß sie nur den zum Verarbeiten erforderlichen Grad von Feuchtigkeit behalten.

Durch diese Behandlung, welche man hauptsächlich nur bei den dunkelsten Blättern des Virgini, Domingo, Maryland, Kentucky vornimmt, erfahren dieselben, wie leicht ersichtlich, eine Gewichtsabnahme, die aber hier um so weniger in Betracht kommt, als Cigarren nicht nach dem Gewichte, sondern nach der Stückzahl verkauft werden. Würde man sie zu weit treiben, die Blätter zu sehr auslaugen, so würde man nichts zurückbehalten, als bloße Holzfaser, welche dann beim Rauchen keinen andern Geruch geben würde, wie das Blatt einer beliebigen andern Pflanze, welche frei von narkotischen und scharfen Stoffen ist, und der nur von Entwickelung des beim Verbrennen sich erzeugenden empyreumatischen Oeles herrührt.

Die charakteristischste Eigenschaft der Tabaksblätter, wodurch sie sich von allen andern Vegetabilien unterscheiden, beruht auf dem Gehalte einer eigenthümlichen Substanz, Nicotianin genannt. Man gewinnt sie durchs Extrahiren der Blätter mit kaltem, leichter mit heißem Wasser, und durch Destillation des Extracts, wodurch dieselbe mit den Wasserdämpfen in die übergetrieben wird, wo erstere sich zu Wasser verdichten, in welchem das Nicotianin aufgelöst enthalten ist. Hieraus geht hervor, daß jedes Auslaugen nur auf Unkosten des Nicotianin geschehen kann, und immer einen Verlust an demselben bedingt, welchen man eigentlich nicht beabsichtigte, aber nicht verhindern kann. Da es in heißem Wasser in ungleich größerer Menge auflöslich ist, so ergiebt sich daraus für den rationellen Betrieb der Tabaksfabrikation die wichtige Lehre, daß das Auslaugen nie mit heißem Wasser geschehen darf. Das Auslaugen der Tabaksblätter kann nicht als eine Veredlung, sondern nur als eine einfache Zubereitung derselben angesehen werden.

Ganz anders muß ein Verfahren beschaffen sein, wodurch man eine Verbesserung oder Veredlung der Tabaksblätter beabsichtigt, welche hauptsächlich bei deutschen Blättern Anwendung finden. Diese entwickeln beim Rauchen einen süßlich-fuseligen, allgemein bekannten Geruch — sie knellern — und haben dadurch Veranlassung gegeben, daß man aus deutschen Blättern fabricirte Rauchtabake, welche diese Eigenschaft im hohen Grade besitzen, mit dem Namen Lausewenzel bezeichnet. Will man solche Tabake verbessern, so muß das Bestreben dahin gerichtet, und das anzuwendende Mittel demgemäß gewählt werden, daß dieser Knellergeruch, ohne Beeinträchtigung der übrigen wesentlichen guten Eigenschaften des Tabaks — also ohne Entfernung von Nicotianin — beseitigt wird. Das einzige, hierzu anwendbare Mittel besteht darin, daß man solche Tabake, am besten mit heißem Wasser, auslaugt, um den Extract möglichst concentrirt zu erhalten, die Blätter dann noch einmal durch Wasser zieht, welches hernach zum Auslaugen gebraucht wird, und hierauf vollständig trocknet.

Der erhaltene Extract enthält neben dem Nicotianin alle übrigen extractiven Bestandtheile der Blätter, weßhalb letztere durch diese Operation ihre Eigenthümlichkeit als Tabak einstweilen gänzlich eingebüßt haben. Diese muß ihnen wiedergegeben werden, indem man sie den Extract wieder aufsaugen läßt, nachdem man ihn von seinen übelriechenden Eigenschaften befreit hat.

Um das Einziehen des Extracts zu erleichtern und vollständig zu bewirken, waren erstlich die Blätter vollkommen wieder getrocknet und alle Feuchtigkeit daraus entfernt, so wie auch der Extract möglichst concentrirt gemacht, damit die Blätter ihn sämmtlich wieder einsaugen können und man nichts davon übrig behält.

Zur Befreiung des Extracts von übelriechenden Beimischungen dient das Behandeln mit fein gepulverter, leichter, zarter Holzkohle, welche diese Stoffe verschluckt, verdichtet und in ihren Poren zurückbehält. Man rührt die Tabakslauge anhaltend mit dem Kohlenpulver, läßt es einen Tag damit in Berührung und trennt hernach beide durch Filtration, worauf man die ausgelaugten und getrockneten Blätter in dem filtrirten Extracte einweichen und soweit abtrocknen läßt, daß sie nur den zur Verarbeitung erforderlichen Grad von Feuchtigkeit behalten. Der Geruch der so behandelten Blätter ist außerordentlich verbessert.

Bei der Verarbeitung solcher Blätter zu ordinairen und schlecht bezahlten Rauchtabaken ist dieses Verfahren wegen des Kostenpunktes unzulässig; sehr wohl und ohne Zweifel ist es mit Gewinn bei der Cigarrenfabrikation auszuführen, indem man ordinaires wohlfeiles Material dadurch befähigt, ohne Nachtheil des Geschmackes, in Verbindung mit amerikanischen Blättern und zu Cigarren von mittlerer Güte, ganz allein verarbeitet werden zu können.

Professor Döbereiner in Jena bestätigt die Anwendbarkeit dieses, wenn wir nicht irren, von Herrn Leuchs in Nürnberg angegebenen Verfahrens. Er mischte ordinairen Tabak mit Kohlenpulver, stopfte das Gemisch in eine Pfeife, rauchte und fand den Geschmack wesentlich verbessert. Alle anderen zur Veredlung des Geruchs solcher Blätter angegebenen Mittel, namentlich ein Versatz mit aromatischen Substanzen oder mit einer Auflösung derselben, können ihren Zweck nur dadurch erfüllen, daß sie den Knellergeruch umhüllen und dadurch weniger bemerklich machen. Ein so gemischter Geruch ist aber keinesweges angenehm, vielmehr sticht der Kneller hindurch und hat nebenbei den Nachtheil, daß viele Personen, der Eine diesen, der Andere jenen aromatischen Geruch unausstehlich und ganz unerträglich finden. Ganz vorzüglich gilt das zuletzt Gesagte von der Anwendung der Cascarille. Ein Decoct derselben in ganz geringer Menge zugesetzt, bewirkt, wegen der Subtilität dieses Aromas, einen so intensiven und penetranten Moschusgeruch der aus dem so imprägnirten Tabak erzeugten Cigarre, daß man beim Rauchen im Finstern ungewiß darüber sein könnte, ob man eine Cigarre oder eine Räucherkerze im Munde habe.

Unter hundert Käufern solchergestalt parfümirten Cigarren sind immer neunundneunzig, die sie auch ganz unentgeltlich nicht wieder haben mögen. Wird dennoch die Anwendung der Cascarille, namentlich zu Cigarren, noch immer so häufig empfohlen, so beweisen die Empfehlenden nur, daß sie in der Cigarrenfabrikation gänzlich unerfahren sind. Die Zeiten (1700), wo ein holländischer Jude durch Anwendung der Cascarille, als Verbesserungsmittel des Tabaks, Reichthümer erwerben konnte, sind längst vorüber.

Mehr oder weniger wird das über die Cascarille Gesagte auch auf alle anderen Substanzen Anwendung finden, die für sich allein verbrennt, sogenannte Wohlgerüche verbreiten; wogegen Substanzen von bloß intensivem oder kräftigem und dabei nicht widerlichem Geruche wohl anwendbar sein können. Dieses gilt namentlich von Gewürznelken, Kalmus, Violenwurzeln u. dgl., von welchen ein Absud angewendet wird. Der weiland Schulhalter Neumann zu Lebus bei Frankfurt a. d. O. empfahl eine Abkochung des Laubes saurer Kirschen. Drei Hände voll desselben werden mit einem Quart Wasser übergossen, bis auf ein Viertel-Quart eingekocht und mit dem erhaltenen Decocte der Tabak befeuchtet, welches Mittel immer noch Anwendung verdienen mag.

Kehren wir nun zu der oben abgebrochenen Darstellung der Reihenfolge der verschiedenen zur Cigarrenfabrikation erforderlichen Arbeiten zurück, und beginnen, nachdem die Blätter ausgerippt sind, mit dem Sortiren derselben, womit man bezweckt, die Blätter, je nach ihrer Qualification, in Deckblätter, Umblätter oder Einlage zu trennen und nebenbei auch alle dem Tabake etwa beigemischte fremdartige Gegenstände, welche dessen Geruch verderben könnten, zu entfernen. Jede Cigarre besteht nämlich aus drei Theilen, der Einlage, dem Umblatt oder Unterdeckblatte und dem Deckblatte, welches letztere namentlich die äußere Schönheit der Cigarre bedingt, insoweit sie nicht auch von der Geschicklichkeit und dem guten Willen des Arbeiters abhängt. Die erwähnten drei Theile müssen nun aus dem zu verarbeitenden Tabaksgute von einander geschieden werden, wobei man besonders auch für die erforderliche Anzahl guter Deckblätter zu sorgen hat. Zu Deckblättern wählt man aus dem eben erwähnten Grunde nur die schönsten Blätter aus, welche nicht verletzt sind und eine schöne Farbe haben. Um sie nachher in die zum Umwickeln erforderliche Gestalt egal und mit Vortheil zerschneiden zu können, ist es hierauf erforderlich, daß sie völlig von Falten befreit und geebnet werden, eine Arbeit, die man das Ebnen oder Ausbreiten nennt, und die um so schneller und leichter von statten geht, je besser die früher beschriebene Operation des Streckens ausgeführt wurde. Um sie in diesem Zustande zu erhalten, oder um sie vielmehr noch besser auszubreiten, legt man die aufgeschlichteten Blätter bis zu ihrer Verarbeitung zwischen zwei Bretter, wovon man das oberste mit Gewichten oder Steinen beschwert. Lange jedoch dürfen die Blätter in diesem Zustande nicht verbleiben, indem sie sich sonst erhitzen würden, welches Folge von einer durch das Feuchtsein bedingten chemischen Zersetzung ist, die in ihrem Fortgange die Farbe der Blätter verändern, verdunkeln und bei noch weiterer Entwickelung diese ganz zerstören würde. Man darf daher immer nur so viel angefeuchtete Blätter zusammenbringen und pressen, wie an dem nächsten Tage zur Verarbeitung kommen. Bei sehr trockenen und dicken Blättern ist das Pressen unersetzbar, indem sie nur allein dadurch vollkommen geschlichtet werden können, ein Umstand, von dem die Schönheit der daraus gefertigten Cigarre wesentlich abhängt.

Zum Umblatte oder unteren Deckblatte wählt man schadhafte, löcherige Blätter, oder solche, die weniger schön von Farbe sind, auch verwendet man dazu die oberen Theile der Blätter, welche man nicht ausgerippt hat, weil die Rippe nur sehr dünn war. Reicht der Gehalt an solchem Ausschuß in einer Tabaksgattung nicht hin, so nimmt man dazu häufig auch eine ganz andere geringere Sorte.

Die Einlage endlich besteht aus den Resten, welche nach dem Aussuchen der beiden oben beschriebenen Theile aus dem Tabaksgute übrig bleiben und nichts weiter als ein Conglomerat von Tabaksabfällen ist, welches die kleinsten Theilchen, Grus genannt, seiner Form nach ausschließt. Hat eine Tabakssorte viele schöne und gut erhaltene Blätter, so kann es sich ereignen, daß die Abfälle nicht hinreichen, den aus einer gewissen Menge Tabaksgut abgeschiedenen Deckern und Umblättern als Einlage zu dienen; in diesem Falle muß man von einer andern, nicht theureren Sorte, die reicher an zerrissenen Blättern ist, zusetzen, oder man mischt dünne Stiele zu, welche man im Handel erhalten kann. Man ersieht hieraus, daß man eigentlich aus einer gewissen Menge Tabak einer Gattung alle drei Theile der daraus zu verfertigenden Anzahl von Cigarren so aussondert, daß sie mit einander verarbeitet werden, ohne daß von einem Theile etwas übrig bleibt. Dieses ist Grundsatz der Fabrikation, der aber hinsichtlich der Oekonomie und der Mannichfaltigkeit der jetzt verlangten Cigarrensorten auf verschiedene Weise, wie schon aus dem Obigen einleuchtet, modificirt werden muß. Einmal wäre es einer vernünftigen Oekonomie zuwider, wenn eine gewisse Menge Tabak reich an schönen Blättern ist, es dagegen an Einlage fehlte, erstere zum Einlegen zu benutzen, und zweitens muß man verschiedene Gattungen mit einander versetzen, um ein hinsichtlich des Geruches und des Gestehungspreises entsprechendes Produkt zu erzielen. In beiden Fällen nimmt man stets andere Sorten zu Hülfe und kann durch Versuche prüfen, wie sich das Fabrikat hinsichtlich des Geruches und der Egalität im Brennen verhält.

Zur Egalität im Brennen ist es erforderlich, daß beide Sorten Tabak von gleicher Schwere oder gleicher Leichtheit sind. Schwere Tabake brennen langsam — man denke nur an Barinaskanaster, welcher, nach dem Ausdrucke geübter Raucher, doppelt so lange steht oder anhält — leichte Tabake schnell weg. Wendet man nun zur Einlage leichte und zum Deckblatt schwere Tabake an, so brennt erstere schneller auf und es bildet sich beim Rauchen eine hohle Röhre, welche stückweise zusammenfällt, ehe ihre Bestandtheile völlig verzehrt sind, die Blättertheile fallen halb verbrannt ab, welches einen Verlust für den Raucher bedingt, der nun in einer gewissen Zeit doppelt so viele Cigarren verraucht, als wenn dieselben aus einer Gattung Tabak fabricirt wären.

Um diesen Uebelstand zu vermeiden, ist es erforderlich, daß, wenn man zwei Sorten Tabak, eine schwere und eine leichte, zu einer Cigarre verwendet, man das Deckblatt von der leichtern, die Einlage dagegen von der schwereren Sorte nehme. Würde man z. B. Amersforter und Domingo, Virgini oder Cuba verarbeiten, so dürfte man bei den letzten drei Sorten das Amersforter Blatt stets nur als Deckblatt anwenden.

Der Geschmack ist übrigens ein zu relativer Begriff, als daß sich in Bezug auf diesen allgemeine Regeln über die Vermischung der Tabaksblätter aufstellen ließen. Folgende Zusammenstellung, die man indessen nach eigenem Gefallen und darüber angestellten Versuchen umändern kann, mag als Grundlage bei der Zusammenmischung verschiedener Tabake dienen, und ist dabei zu bemerken, daß das zuerst angegebene Blatt stets das Deckblatt bedeutet.

Havanna: meistens nur mit Havanna-, selten mit Cuba-Einlage.
Cuba: Cuba, Havanna, Florida.
Florida: Florida, Portoriko, Louisiana.
Louisiana: Brasil, Domingo, Louisiana.
Amersforter: Cuba (zu feinen); Louisiana, Domingo, Portoriko (zu mittleren); Maryland, Virgini, Nürnberger, Duberstädter (zu ordinairen).
Carolina: Louisiana, Portoriko.
Portoriko: Cuba, Louisiana, Virgini, Domingo, Seableef.

Brasil: Maryland, Virgini, Nürnberger, Ungar, Duderstädter.
Virgini: Virgini, Dunkel-Domingo.
Maranham: Portoriko, Louisiana.
Ungarischer: Seadleef, Maryland, Virgini.
Seadleef: Louisiana, Portoriko, Amersforter, Duderstädter.
Kentucky: Domingo, Virgini, Seadleef, Maryland.
Domingo: Louisiana, Seadleef, Portoriko, Brasil, Virgini.
Maryland: Virgini, Domingo, Ungar.
Curaçao: Louisiana, Domingo, Portoriko.
Duderstädter, Schlesier, (nur die dunkeln Blätter sind zu Deckern tauglich): Duderstädter, Seadleef, Maryland.

Die vaterländischen Blätter kommen hinsichtlich der Güte fast sämmtlich überein; ein Jeder kauft sie deßhalb am vortheilhaftesten von den ihm zunächst wohnenden Anbauern. Viele derselben eignen sich ihrer mattgelben Farbe wegen nicht zu Deckblättern, selbst bei ordinairen Cigarren, die nur geringe Preise machen. Um sie zu solchen Sorten verwendbar zu machen, kann man sie künstlich auf einfache Weise dadurch färben, daß man sie in einer braunen Flüssigkeit einweicht: vorausgesetzt, daß sie dadurch keinen üblen Nebengeruch annehmen.

Solche braune Flüssigkeiten kann man bereiten: aus allen, durch's Rösten gebräunten Vegetabilien, namentlich Cichorien. Nach dem Einweichen verdunstet das Wasser und der braune Farbestoff bleibt in den Poren des Blattes trocken zurück. Der Geruch des Cichoriens beim Verbrennen hat durchaus nichts Unangenehmes, welches auch bei vielen anderen gerösteten Wurzeln, Samen ꝛc. der Fall ist. Wird ein Decoct desselben mit etwas ordinairem Zucker versetzt, so entwickelt sich beim Rauchen der bekannte Karamelgeruch. Kaffee, welcher zu ähnlichem Zwecke schon empfohlen wurde, vertheuert das Verfahren zu sehr.

Verbindet man dieses Verfahren mit dem bereits oben beschriebenen, zur Veredlung des Geruches dienenden, so hat man, in der Vereinigung beider, das einfachste und zuverlässigste Mittel, die inländischen Blätter auf das Höchste zu verwerthen; und den Ertrag des Bodens so sehr zu erhöhen, wie dieses nur immerhin möglich ist; ein Umstand, der unsere Tabaksbauer wohl ermuntern könnte, sich der Anfertigung von Cigarren selbst zu unterziehen, wodurch ihnen zugleich Gelegenheit geboten würde, im Spätherbst und Winter anderweit arbeitslose Stunden auf das lohnendste anzuwenden.

Nach dem Sortiren folgt das **Zuschneiden der Deckblätter** oder das Anfertigen der Decker. Man legt die dazu ausgesuchten Blätter, eines nach dem andern, auf ein kleines tannenes Brettchen von entsprechender Größe und beginnt das Zuschneiden mit einem scharfen Messer von dem Spitzenende nach dem Stielende zu, also den Adern des Blattes entgegen. Fig. 4 zeigt die beiden Hälften eines ausgerippten Blattes: a das Spitzenende, b das Stielende. Je nach der Form des Blattes, ob solches mehr breit als lang, oder mehr lang als breit ist, hat man die Eintheilung zu richten, wenn man mit möglichstem Vortheil arbeiten will. Es ist einleuchtend, daß die Decker um so länger sein müssen, je schmäler sie sind, und umgekehrt. Ist das Blatt daher lang, so schneidet man die Decker schmal; ist es breit und kurz, so schneidet man sie breit. Ein geübter Arbeiter weiß sogleich nach dem Ansehen des Blattes zu beurtheilen, wie er zu verfahren hat, um das Blatt so zu schneiden, daß keine unnütze Stücke übrigbleiben, und so viele Decker daraus zu erhalten, als es der Größe des Blattes nach immerhin möglich ist, und hierin besteht der einzige Kunstgriff bei dieser sonst ganz einfachen Arbeit.

Aus Fig. 4 ersteht man ungefähr, wie man zu schneiden hat; es fallen dabei nur die ohnehin unnützen Spitzenden ab. Diejenige Schnittseite des Deckers, welche beim Wickeln der Cigarre nach außen zu liegen kommt, also dem Raucher ihrer ganzen Länge nach sichtbar ist, muß scharf und ohne Haken geschnitten sein, wenn die fertigen Cigarren ein tadelfreies Ansehen erhalten sollen. Nachdem auf diese Weise eine Quantität Decker zugeschnitten ist, legt man solche schlicht auf einem Brette zusammen, und überdeckt es mit einem andern, welches man etwas beschwert, um die Decker schlicht zu erhalten. Alle hierbei abfallenden Stücke, welche zu Deckblättern zu klein sind, dienen entweder zu Umblättern oder zur Einlage.

Immer indessen wird beim Vorbereiten, Sortiren und Zuschneiden der Blätter sich ein Abfall ergeben, der zu keinem der besprochenen Zwecke tauglich ist, weil seine einzelnen Stücke zu klein sind. Derselbe besteht aus Krumen und Grus, welche durch das hin und wieder unvermeidliche Zerbröckeln und Zerreiben spröder Stiele und Blätter entsteht. Um diesen zu verwerthen, kann man die gröbern Stücke als Zusatz zur Einlage in ordinaire Cigarren benutzen. Für sich allein als Einlage kann er unter keiner Bedingung dienen, weil diese kleinen Stücke beim Rauchen der Cigarre und bei den dabei ab Seiten des Rauchers vorkommenden

Manipulationen und Bewegungen als ein brennendes griesiges Pulver herausfallen, welches zur Folge hat, daß dem Raucher die Kleider verbrennen; ein Umstand, der ihm das Cigarrenrauchen bald verleiden dürfte.

Am besten und sichersten verwendet man diesen grusigen Abfall zur Fabrikation von Schnupftabak, welche aus diesen Gründen, wenn auch nur in geringem Umfange, fast stets mit der Cigarrenfabrikation verbunden ist.

Da dieser Abfall die zum Schnupftabak erforderliche Gährung in Carotten nicht überstanden hat, so muß man ihn entweder in Verbindung mit Carotten verarbeiten, oder man läßt ihn in pulverförmigem Zustande gähren. Man zerschneidet ihn zu diesem Zwecke mit dem Wiegemesser, setzt ihm eine von den bekannten aromatischen, oder bloß süßen oder sauren Sauce zu, knetet ihn in ein Faß, welches man zudeckt, und läßt ihn in diesem Zustande gähren.

## III. Die Anfertigung der Cigarren,
### und deren weitere Verarbeitung zu Handelswaare.

Nachdem die im vorigen Abschnitte beschriebenen Vorarbeiten beendigt sind, kann man mit der Anfertigung der Cigarren beginnen. Beim ersten Anfange der Fabrikation muß man mit dieser Arbeit so lange anstehn, bis die Zurichtungen dazu getroffen sind, welches aber, wenn die Fabrikation einmal im Gange ist, so eingerichtet wird, daß sämmtliche Arbeiter Hand in Hand gehen und keine derselben Unterbrechung leidet.

Die Darstellung der Cigarren ist eine ganz einfache Arbeit, deren guter Erfolg und rasche Ausführung nur einen geringen Grad mechanischer Fertigkeit erfodert, welche man sich leicht erwerben und durch Uebung steigern kann.

Um unsern Lesern die Abweichungen hinsichtlich des Betriebes dieser Arbeit zu zeigen und ihre Ansichten darüber zu erweitern, lassen wir, bevor wir die Arbeit in der Art beschreiben, wie sie hier zu Lande betrieben wird, einige Notizen französischer Reisenden vorangehen, welche französischen Journalen entnommen sind, und sich vorzüglich auf die Fabrikation in Havanne, dem Stammsitze derselben, beziehen. Regnier sagt: Die Havanna Cigarren sind unter allen bekannten Arten die feinsten und werden von den ausgewähltesten Blättern von goldgelber Farbe verfertigt, die nur in einem mäßigen Bezirke der Insel Cuba wachsen, und deren Rauch den angenehmsten Geruch verbreitet. Häufiger, als jene goldgelben Blätter, wachsen aber auf Cuba die schwarzen, deren Stärke nach der Tiefe der Farbe steigt, und die von den Liebhabern des starken Tabaks den vorigen vorgezogen werden. Indessen giebt es auch von den Havanna-Cigarren sehr verschiedene Arten. Man unterscheidet daher echte Havanna-Cigarren, welche in Havanna selbst fabricirt werden, und unechte, die keine Havannablätter enthalten. Wenngleich die echten Havanna-Cigarren gesetzlich in Havanna selbst fabricirt werden sollten, so werden doch auch diejenigen mit diesem Namen bezeichnet, die aus echten Havannablättern außerhalb des Landes fabricirt werden, obschon dieselben den in Havanna verfertigten an Güte aus dem Grunde sehr nachstehen, weil man daselbst die feinsten und weichsten Blätter aussucht, bevor man die roh zu verkaufenden Blätter verschickt, die besten allein zur eigenen Fabrikation zurückbehält.

Die feinste Art derselben erhält man in der Havanna von den Geistlichen zum Geschenk, denen durch die Pflanzer die feinsten Blätter verehrt werden. Eine andere ganz dünne, zum Rauchen für Damen bestimmte Sorte, machen die sogenannten »Königin-Cigarren« aus.

Bei den echten Havanna-Cigarren ist das Deckblatt von der Rechten zur Linken; bei den Sevillanischen hingegen, von der Linken zur Rechten gewunden. Die Verfahrungsart bei Verfertigung der Cigarren in Havanna ist folgende: Nachdem das Blatt gehörig präparirt, und die Einlage darauf gebracht worden ist, wird nun das Rollen der Cigarre auf verschiedene Weise veranstaltet. Viele Arbeiter rollen jede Cigarre für sich zwischen der Hand und einem Tische, oder auf einer, auf letztern gelegten Tafel von Holz aus. Andere rollen sie zwischen der Hand und einer Tafel aus, die sie mittelst eines um den Hals geschlungenen Riemens bis vorn an die Kniee herunterhängen lassen. Noch Andere rollen sie zwischen der rechten Hand und dem entblößten linken Arme aus, und zwar mit bewundernswürdiger Geschicklichkeit mehrere Cigarren zugleich. Sie fassen nämlich die, den linken Arm herunter gerollte Anzahl augenblicklich mit derselben Hand und beschäftigen die rechte Hand mit dem Drehen des Kopfes, und dem Beschneiden des Fußes. Die Rollblätter werden zuvor angefeuchtet und an den Enden der Cigarre mit etwas Gummiwasser bestrichen, damit sie fester halten. Ein geübter Arbeiter kann in etwa zwölf

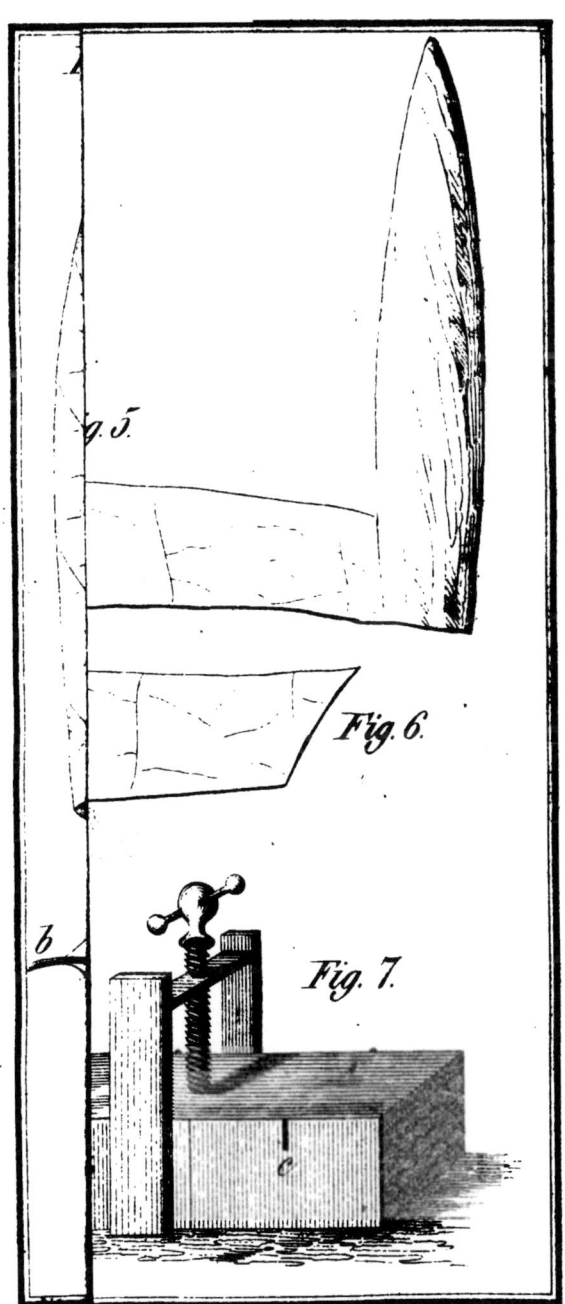

Stunden tausend bis funfzehnhundert und noch mehr Cigarren ausrollen.

Granier von Cassaneo, der sich längere Zeit in Havanna aufhielt, theilt über die Havanna-Cigarren Folgendes mit: Die spanischen Colonien sind das wahre Land des Rauchens, und die Straßen von Havanna enthalten mehr Cigarren-Magazine, als Specereiläden und Weinschenken. Eine solche Cigarren-Stelleria ist in der Regel ein nach der Straße hin ganz offener Laden, dessen ganzes Meublement in einem Tische, vier bis fünf Stühlen und einem Gefäß mit Wasser besteht. Um den Tisch herum sitzen vier bis fünf wenig und unreinlich gekleidete, schmierige Neger, welche die Cigarren rollen, die von den wohlriechenden Lippen unserer Lions ausgedampft werden. Ein altes Sprichwort sagt: »Man soll niemals der Toilette einer Frau, die man gern sieht, und der Zubereitung eines Diner beiwohnen;« man kann die Verfertigung von spanischen Cigarren demselben mit Recht beifügen. Das Wassergefäß dient zum schnellen Eintauchen der Blätter, welche danach durch Schütteln in der Luft getrocknet werden, und diese rasche Benetzung ist schon hinreichend, die Blätter zu erweichen. Die Neger schneiden solche nun ab und rollen sie auf dem Tische, wobei sie die beiden Enden häufig mit ihrem Speichel befeuchten.

»Der vorzüglichste und am meisten geschätzte Tabak wächst auf der Nordwestküste der Insel in dem Distrikte Buelta Abajo, die zweite Qualität kommt von der Südküste und aus dem Innern. Die Havanna-Cigarren theilen sich in 7 Classen; die erste, gesuchteste und am meisten aristokratische besteht aus den Begueros. Sie werden in der Regel nur aus einem Blatte gemacht, das nicht wie die andern angefeuchtet wird, sondern, sobald dasselbe an der Luft hinlänglich getrocknet, nimmt man den Zeitpunkt wahr, wo der Thau es leicht erweicht hat, und wodurch es sein Gummi und sein ganzes Aroma behält. Als aufrichtiger und getreuer Geschichtschreiber darf ich es nicht verschweigen und bitte ich die Liebhaber von Cigarren um Verzeihung, wenn ich hier anführe, daß die Begueros im Allgemeinen von Weibern gemacht werden, welche die Blätter auf ihrem entblößten Schenkel, von der Hüfte bis zum Knie, mit der flachen Hand rollen. Um die Einbildungskraft der Raucher der Begueros in etwas abzukühlen, muß ich hinzufügen, daß solche im Allgemeinen nur von alten und sehr häßlichen Negerinnen angefertigt werden. Nach den Begueros folgen die Regalia in drei Classen: 1) Regalia Byron, nur auf den Besitzungen des Grafen Tetnanbina verfertigt; kommen gar nicht, oder wenig in den Handel. Sie sind dasjenige für den Raucher, was der Johannisberger Wein für den Feinschmecker ist. 2) Regalia del Duque. Wie die Vegueros werden diese von dem besten Vuelta=Abajo=Tabak gemacht, den man für den vorzüglichsten Tabak der Welt hält. Die Blätter sind jedoch nicht so ausgesucht, wie bei den Vegueros; auch ist ihre Verfertigung weniger romantisch und geschieht, wie gewöhnlich, durch schmutzige Neger. 3) Die ordinairen Regalia, welche den Ausschuß des Vegueros, so wie die besten Blätter und Fasern des Südküstentabaks enthalten. Die fünfte Classe begreift die Phanetelas, welche aus einem süßen, weichlichen, weniger reifen Tabak bestehen, und im Allgemeinen nur von dem weiblichen Geschlechte und von Personen, die eine schwache Brust haben, consumirt werden. Die sechste Classe enthält die gewöhnlichen Cigarren, welche von den übrigen Tabaken, welche die Insel Cuba producirt und hauptsächlich aus dem Innern kommen, fabricirt werden. Unter diesen giebt es eine Gattung, Trabukos genannt, welche kürzer und runder ist, als die übrigen. Zu der siebenten Classe rechnet man endlich die kleinen gerollten Papierchen, die einen so angenehmen Geruch verbreiten und in Europa Cigarretten genannt werden. Diese werden von feinem, ganz klein geschnittenem Tabak, zuweilen von Vuelta=Abajo, verfertigt und sind die einzigen, die zu Havanna den Namen Cigarren führen. Alle andern vorbeschriebenen Gattungen werden daselbst Tabakos genannt.« —

Sagten wir oben, der Wahrheit gemäß, daß nur mechanische Fertigkeit zur Anfertigung der Cigarren erforderlich sei, so ist damit für den denkenden Leser zugleich die Ansicht ausgesprochen, daß sich solche weniger durch schriftliche Beschreibung, leicht aber durch eigene Anschauung erlernen läßt. Da die letztere manchem unserer Leser unzugänglich sein möchte, und gerade diese zuerst nach unserer Anweisung greifen dürften, so wollen wir versuchen, ihnen für das, was wir hier nicht geben können, die praktische Demonstration, einen ausreichenden Ersatz zu verschaffen, um dadurch unsere Anweisung noch praktischer zu machen. Wir empfehlen ihnen demzufolge, sich in eine gut renommirte Tabakshandlung zu begeben, sich mehrere Sorten zeigen zu lassen und von allen verschieden gestalteten Cigarren etwa ein halbes Dutzend zu kaufen, um solche als Muster benutzen zu können.

Die verschiedene Gestalt der Cigarren wird begründet durch

die Form des Einschlages und durch die Arbeit des Wickelns. Hinsichtlich der Form giebt es drei verschiedene allgemein eingeführte Gattungen:

1) Solche, die oben spitz, in der Mitte am dicksten sind und nach unten verjüngt zulaufen, wie Fig. 1 zeigt.

2) Solche, welche die größte Dicke nicht in der Mitte, sondern gleich unter der Spitze haben, wie Fig. 2.

3) Solche, die an beiden Enden abgeschnitten, oben spitz und unten am dicksten sind, wie Fig. 3.

Durch das Wickeln wird die äußere Gestalt modificirt, indem man die Cigarren rechts, wie Fig. 1, oder links, wie Fig. 2 wickelt. Die in Fig. 1 und 2 dargestellten Formen sind die gebräuchlichsten; man hat sie fast in jeder Fabrik alle beide, und richtet sich damit nach den Anforderungen seiner Abnehmer. Die in Fig. 3 dargestellte Form ist bis jetzt nur bei einer Gattung von Cigarren üblich, welche man Manilla nennt. Dieselben sind fein und kosten 20 bis 30 Thlr. Courant die Kiste von 1000 Stück. Sie bestehen meistens aus Cuba- oder Florida-Deckblatt mit einer einfachen Einlage von geringen Havannablättern, oder aus einer gemischten von Havanna mit Cuba oder Florida.

Die gekauften Cigarren lege man nun in angenäßte Tücher und lasse sie darin so lange, bis man das Deckblatt ohne Beschädigung abrollen und dadurch das Innere derselben dem Auge bloß legen kann. Man verschafft sich dadurch einen belehrenden und praktischen Blick über die Anwendung der einzelnen Theile zu einander und lernt auch die Vereinigung derselben kennen, wenn man versucht, das abgerollte Deckblatt wieder umzuwickeln.

Stellt man diese Experimente mit Cigarren an, welche rechts, und mit andern, welche links gewickelt sind, so lernt man durch die Autopsie auch die Verschiedenheit kennen, welche hinsichtlich der äußern Form durch die Modification des Wickelns bewirkt wird. Man ersieht daraus zugleich, daß der Kern der Cigarre aus einer, je nach der beabsichtigten Form, verschieden zusammengelegten Einlage gebildet ist, und daß das Zusammenlegen dieses Kernes die erste Arbeit bei Darstellung einer Cigarre ausmachen muß. Man nennt diese Arbeit in Bremen das Wickelmachen, und verfährt dabei auf folgende Weise:

Nachdem das sämmtliche Cigarrengut, Decker, Umblatt und Einlage, jedes in einem flachen, dem Arbeiter dicht zur Seite stehenden Körbchen auf den langen Arbeitstisch gestellt ist, ergreift derselbe von dem zur Einlage bestimmten Gute so viel, daß sich dasselbe durch Drücken und Verschieben auf dem Tische zu einem Bündelchen von der Form der Cigarre formiren läßt. Hierbei muß natürlich auf die Länge und Dicke der Cigarre, so wie auch darauf Rücksicht genommen werden, wie man sie bilden will, ob nach Fig. 1, Fig. 2, oder nach Fig. 3. Die Einlage muß immer nach der Länge derselben formirt werden, so daß kein Stielchen querdurch liegt, und trifft man die erforderliche Dicke leicht, indem man, je nach Erforderniß, wenn der erste Griff noch nicht zu der beabsichtigten Form genügt, entweder kleinere Antheile Tabak hinzulegt oder hinwegnimmt. Stücke, welche dicke und harte Adern haben, so wie Stiele, müssen stets in der Mitte angebracht sein, um das Hervorstehen derselben zu vermeiden, wodurch entweder die Schönheit der äußeren Form der Cigarre beeinträchtigt, oder in manchen Fällen, beim Wickeln das Deckblatt durchbrochen wird.

Uebrigens hat man hinsichtlich der Anwendung der Einlage, durch ein aufmerksames Beschauen der abgewickelten Cigarre schon hinlänglichen Aufschluß erhalten, und mögen nur noch einige Bemerkungen Platz finden.

Das Tabaksgut zur Einlage darf nicht zu naß sein, wie schon oben erwähnt, anderntheils aber darf es auch nicht zu trocken sein, weil es sonst leicht bricht, was namentlich mit den Stielen der Fall ist. Kurze Stückchen von Stielen müssen bei der Einlage ausgeschieden werden, diese klemmen sich sonst zwischen die weichen Blätter, verdichten sie und veranlassen beim Rauchen der Cigarre eine Eigenschaft derselben, welche man das Kohlen nennt.

Kohlt eine Cigarre, so ist sie beschwerlich und unangenehm zu rauchen, indem man zu stark ziehen muß und nur durch Drücken und Entfernen des erwähnten Stückes, welches als brennende Kohle herausfällt, ist das Uebel zu heben, wodurch indessen die ganze Cigarre vernichtet wird, weßhalb man das Einschlagen solcher Knoten sorglich vermeiden muß. Besteht die Einlage aus nicht zu kleinen Stücken, so kann sie unmittelbar mit dem Deckblatte umgeben werden; sind aber viel kleine Stücke dazwischen, welche beim Rollen herausfallen würden, so muß man solche dadurch beim Umwickeln des Deckers zusammenhalten, daß man dieselben vorher erst mit einem Blättchen umgiebt, welches man den Unterdecker oder das Umblatt, auch wohl den Rapper nennt. Welche Theile sich dazu am geeignetsten und vortheilhaftesten verwenden lassen, ist bereits oben angezeigt. Nach Formirung der Einlage, oder wenn solches erforderlich ist, nachdem diese mit einem

Umblatte umgeben ist, schreitet man zum **Decken, Rollen** oder **Fertigmachen** der Cigarren, indem man sie entweder rechts oder links mit einem Deckblatte umwickelt. Da dieses das Oberkleid der Cigarren bildet und davon die Schönheit der letzteren wesentlich abhängt, so hat man sich zu bemühen, in dieser Arbeit bald möglichste Fertigkeit zu erlangen und in Betreff derselben solche stets mit Sorgfalt anzuwenden. Man beginnt das Umlegen des Deckblattes, wie sich aus dem Abwickeln des Musters dem Leser ergeben hat, von unten nach oben. Man nimmt ein Deckblatt, legt es auf den Tisch, bringt die Einlage darauf, schlägt ersteres in schräger Richtung einmal um und wickelt nun, indem man mit den Fingern der Hand die Cigarre auf dem Tische hinrollt, dasselbe vollständig herum. Man legt das Deckblatt so, daß die rechte oder glatte Seite (siehe oben) unten liegt, also die äußere Seite der Cigarre bildet, und daß die Spitze der Adern stets dem Winkel oder der Einlage zugekehrt ist, so daß man beim Rollen dem Laufe der Adern entgegenfährt. Hieraus ergiebt sich denn, daß die Lage der Adern im Deckblatte entscheidet, ob man rechts oder links aufrollt.

Da man zwei Hälften von jedem Blatte erhält, so ergiebt sich daraus auch eine rechts und eine links gewickelte Cigarre, wenn man das Deckblatt mit dessen Innenseite, welche an der Rippe lag, nach inwendig und mit der äußeren Seite nach außen gekehrt wickelt. Zum näheren Verständniß ist in Fig. 5. eine links und in Fig. 6. eine rechts zu wickelnde Cigarre dargestellt. Zuerst legt man stets das Deckblatt in schräger Richtung einmal um das untere Ende der Cigarre, drückt die Einlage etwas, zieht das Deckblatt sanft an und rollt letzteres dann durch Rollen auf dem Tische mit den Fingern der rechten oder linken Hand völlig um. Hierbei darf das Deckblatt weder Falten schlagen, noch unten abstehen, worauf man sorgfältig zu achten hat, so wie daß das Deckblatt in gleichmäßig aufsteigender Linie sich dem Winkel anschließt. Ist das Rollen beendigt, so handelt es sich um Bildung des Knöpfchens, wodurch die Cigarre Festigkeit und Ansehen erhält. Je nachdem die Cigarre rechts oder links gewickelt ist, schlägt man es rechts oder links auf folgende Weise um. Man nimmt die Cigarre nach dem Rollen in die linke Hand und dreht mit dem Zeigefinger und Daumen der rechten das Knöpfchen daran. Da sich hierbei das Blattende in dem Knöpfchen verlieren muß, so war es nöthig, daß das Blatt, wie aus der Figur ersichtlich ist, abgeschrägt wurde. Sollte sich die Spitze durch Verschieben des Deckblattes verändert haben, so muß man vor Bildung des Knöpfchens das Blatt auf's

Neue so zuschrägen, daß dessen äußerstes Ende einen spitzen Winkel bildet. Durch länger fortgesetztes Rollen gewinnt die Cigarre an Festigkeit und Ansehen, doch darf solches ja nicht zu weit getrieben werden, weil sie sonst die zum Brennen nöthige Luft nicht durchläßt. Bestehen die Decker aus saftigen Blättern, so dürfen solche ja nicht zu naß sein, indem das Blatt sonst äußerlich Glanz annimmt, der hier durchaus nicht am rechten Orte ist.

Bei der Bildung des Knopfes muß zur größeren Befestigung des Deckers, damit sich dieser nach dem Trocknen nicht leicht abwickelt, der Daumen und Zeigefinger mit Wasser benetzt werden, zu welchem Zwecke jedem Arbeiter eine Schaale mit Wasser zur Hand steht. Bei feinen Cigarren, Havanna, Cuba, Florida, ist es daher auch meistens üblich, bei Bildung des Knöpfchens, die untere Seite des Blattes vorsichtig mit einer geringen Menge einer Auflösung von braun geröstetem Stärkegummi in Wasser zu bestreichen, welches jedoch nicht im Uebermaß geschehen darf, weil der Kleister sonst hereinquellt und das obere Ende der Cigarre glänzend macht.

Die solchergestalt angefertigten Cigarren werden nun getrocknet, indem man sie auf einen mit Bindfaden durchflochtenen Rahmen legt, welchen man im Sommer auf einem Boden, im Winter unter der Decke des Arbeitszimmers anbringt. Die Cigarren beim Sonnenschein zu trocknen, ist durchaus verwerflich, weil die äußere Seite in Vergleich zu der inneren dadurch zu stark angezogen wird, welches ein Loslassen der einzelnen Theile, oft auch sogar das Werfen, hier eigentlich Krümmen der Cigarren zur nothwendigen Folge haben muß. Sind die Cigarren auf solche Weise hinlänglich getrocknet, und ist damit die Gefahr der Verletzung bei ferneren damit vorzunehmenden Manipulationen beseitigt, so werden dieselben egal zugerichtet und abgeputzt. Das Erste hat zum Zweck, den Cigarren sämmtlich gleiche Länge zu geben; das Letztere, hervorstehende Theilchen zu entfernen. Man schneidet deßhalb das untere Ende der Cigarre mit einem scharfen Messer ganz egal ab und bedient sich des letzteren auch zum Ausputzen.

Sind die Cigarren von einem geübten Arbeiter angefertigt, der neben der erforderlichen Geschicklichkeit den guten Willen zu der besten Ausführung seiner Arbeit besitzt, so wird die Beihülfe des Messers nur zum Abschneiden des unteren Endes, selten oder nie aber zum äußeren Abputzen der Cigarren erforderlich sein.

Ehe nun die fertigen Cigarren auf die übliche Weise in Kistchen verpackt werden können, müssen sie nach Maßgabe ihrer Farbe sortirt werden. Die Farbe derselben wird natürlich einzig durch das Deckblatt bestimmt und muß eben so verschieden ausfallen, wie die Blätter, woraus jede Tabaksgattung besteht. Nun hat man in jeder Tabakssorte helle, gelbe oder gelblichgrüne Blätter, dunklere oder hellbraune und ganz dunkele oder dunkelbraune, schwarzbraune. Durch die vermischte Verarbeitung derselben muß demnach nothwendig auch ein Fabrikat entstehen, in welchem drei verschiedene Farben hervortreten. Da es nun Sache des Geschmacks und der Liebhaberei des Rauchers ist, welche Farbe er vorzieht, der Eine helle, der Andere dunkele, ein Dritter endlich mittelfarbige wünscht, so werden die Cigarren, je nach ihrer Farbe, von einander geschieden. Man erhält dadurch von jeder Cigarrengattung drei, nur durch die Farbe unterschiedene Sorten: 1) gelbe, yellow; 2) hellbraune, light brown; 3) dunkelbraune, fine brown.

Der Consument beurtheilt nach der Farbe der Cigarre meistens auch, ob dieselbe schwer oder leicht ist, und hält mit Recht die dunkleren für die schwersten, welches Auskunftsmittel indessen sehr unzureichend ist, da, je nach der Gattung der Blätter, auch helle Cigarren sehr schwer sein können. Die nach der Farbe sortirten Cigarren werden nun in Kistchen verpackt, wobei nach der Güte und dem Preise der Cigarren mehr oder weniger auf äußere Eleganz und feine Ausstattung das Augenmerk gerichtet wird.

Man unterscheidet hinsichtlich der Größe der Cigarrenkisten:
ganze von 1000 Stück
halbe  : 500  :
viertel  : 250  :
zehntel  : 100  : Inhalt.

Da die Raucher meistens ein Kistchen von 100 oder 250 Stück zu kaufen pflegen, so werden Kistchen von dieser Größe am meisten verlangt. Ganze Kisten kauft der Consument nicht, sie dienen nur zur Abgabe an Wiederverkäufer und werden in geringer Anzahl vorräthig gehalten. Die Form der Kistchen zu 250 Stück ist sehr verschieden; man hat lange, auch kurze, dafür aber höhere und glatte Kisten. Alle drei kann man sich leicht zur Ansicht verschaffen, um danach ähnliche anfertigen zu lassen. Das Material zu den Kisten besteht aus Cedern-, Buchen-, Birn- oder Nußbaumholz, welches gemeiniglich durch schwache Salpetersäure gebeizt zu werden pflegt. Zu feinen Cigarren bedient man sich der Kisten aus Cedernholz, zu mittleren und ordinairen der ordinairen Hölzer. Erstere riechen bekanntlich sehr angenehm und erhöhen dadurch das Aroma der Cigarren beim Oeffnen der Kiste. Das Cedernholz bezieht man in Stücken von Hamburg, läßt solches in dünne Brettchen zerschneiden und daraus die Kistchen anfertigen. Ein Tischler, mit dem man einen Preis für die Anfertigung festgestellt, pflegt für jede Fabrik die erforderlichen Kisten nach Aufgabe zu liefern. Zu feinen Sorten werden dieselben mit sehr weißem Papiere ausgelegt, mittlere bedeckt man nur oben auf mit Papier, während ordinaire Sorten ganz unbedeckt bleiben. Man legt solches in einzelnen Stücken hinein und heftet es am oberen Ende mit Kleister, oder man schneidet ein Stück Papier von der Länge der Kiste, und so breit, daß es den Boden, so wie beide Seitenwände bedeckt und noch so weit über letztere hinausreicht, daß es, nachdem die Cigarren eingepackt sind, über denselben zusammengeschlagen werden kann. Man bedient sich hierzu des billigen Maschinenpapiers ohne Ende, da einzelne Bogen entweder nicht ausreichen, oder zu viel Abfall geben würden. Häufig klebt man aus Oekonomie das Papier nur an dem oberen Theile der beiden Seitenwände an, so daß es über den Cigarren zusammengelegt werden kann und die unteren Theile der Seitenbretter, so wie der Boden unbedeckt bleiben. Nachdem die Cigarren eingezählt sind, werden sie unter der in Fig. 7. dargestellten Presse zusammengepreßt, der Deckel aufgelegt und mit Drahtstiften aufgenagelt. Das Pressen ist erforderlich, weil man die Kisten nur so groß anfertigen läßt, daß sie die hinein gehörige Stückzahl aufnehmen, wenn sie zusammengepreßt sind. Es soll hierdurch die freie Bewegung derselben in der Kiste und dadurch das Abreiben und Loswerden vermieden werden.

Feine Sorten pflegt man, weil der Gebrauch einmal eingeführt ist, auch in mit Bast zusammengehaltenen Bündelchen von 25 Stück zu verpacken. Diese Thorheit soll in den Augen vermeintlicher Kenner die Qualität der Cigarren beurkunden, weßhalb sie denn die Fabrikanten, ihr eigenes Interesse berücksichtigend, nicht außer Acht lassen, sondern im Gegentheil eingedenk des alten Sprichwortes: „mundus vult decipi," sehr häufig anwenden. Man bedient sich dazu der in Fig. 7. dargestellten Presse, unter welcher ein oben offener Kasten befindlich ist, an welchem auch die Endbretter fehlen. Er ist so lang, daß drei Cigarren der Länge nach hineingelegt werden können, während er nur so breit ist, daß fünf derselben neben einander liegen. Man legt nun drei, zum Zusammenhalten bestimmte Endchen Bast hinein, welche an den Seiten des Kastens hervorhängen a b c, packt auf jedes derselben fünfundzwanzig Stück Cigarren, legt einen Deckel auf und preßt. Nach dem Pressen entfernt man den Deckel, windet die Bastendchen zusammen und steckt das Ende unter, wie dieses bei Strohseilen zu geschehen pflegt, worauf man die Bündchen herausnimmt und zu zehn Stück in eine Viertelkiste einpreßt. Nach dem Zunageln wird auf dem Deckel der Kiste der Name der Cigarrensorte bemerkt, indem man denselben mittelst eine Blechschablone und schwarzer Farbe aufmalt, oder eine lithographirte Etiquette aufklebt. An einem Endbrettchen wird mittelst einer Blechschablone die Farbe bemerkt, ob yellow, light brown oder fine brown. Die sämmtlichen Ränder der Kiste pflegt man nach dem Zunageln mit Streifen von weißem, gelbem, rothem oder blauem Papiere zu bekleben. Was nun die Gattung der Cigarren und deren Namen anlangt, so bleibt die Bestimmung derselben der Willkür des Fabrikanten überlassen und wird deren Verschiedenartigkeit besonders durch die Gewandtheit in der Erfindung neuer paßlicher Namen von Seiten des Fabrikanten bedingt. Im Handel und Wandel kommt sehr viel auf den Namen eines Productes und die glückliche Wahl desselben an; es erregt Aufmerksamkeit, wird geprüft, und wenn es gut befunden, ist sein guter Ruf wenigstens eine Zeit lang begründet; es findet so lange starke Abnahme, bis die Aufmerksamkeit des Publicums durch das Aufkommen eines neuen Productes davon abgelenkt wird. Aus diesem Grunde halten wir es für angemessen, unsere Leser auch in dieser Hinsicht nicht ganz unberathen zu lassen und ihnen die Namen der bisher gängigsten Sorten anzugeben. Diese sind: Havanna, Halbhavanna, Manilla, Virgini, Woodville, Lafama, Jacquez, La Constantin, La Albama, Sevilla, Dos Amigos, Kentucky, Kanaster, Amarillos, Seadleef, Florida, Perroster, Cabannos, Regalia, Non plus ultra, Sanspareille, Restgut, Maryland, Portoriko, Martinique, Jamaica, Cuba, Carolina, Louisiana, Pensacola, La Cahawba und eine Menge andere, deren Aufzählung der Raum nicht gestattet. Uebrigens trifft man es an, daß der eine Fabrikant eine sehr feine theure Sorte mit demselben Namen bezeichnet, welchen ein Andrer einer viel geringeren billigen beilegt, weßhalb wirkliche Sachkenner und Männer von Fach nicht den mindesten Werth darauf legen.

Papier- und Strohcigarren haben in Deutschland bisher keine Aufnahme gefunden und dürften eine solche auch für die Zukunft nicht erlangen, da der Geruch des feinen Tabaks durch den der äußeren Hülle beim Rauchen sehr entstellt wird. Die in Kisten verpackten Cigarren werden, wie bereits mehrfach erwähnt wurde, durch Ablagerung an Güte wesentlich verbessert, wenn sie während der dazu erforderlichen Zeit auf eine angemessene Weise conservirt werden. Zu einer, der Natur des Tabaks angemessenen Conservation der Cigarren ist es erforderlich, daß sie in einem trockenen, von aller Feuchtigkeit gesicherten, indessen nicht zu warmen Locale aufgestellt werden. Am besten eignet sich dazu ein Zimmer im oberen Stocke eines Gebäudes und es schadet durchaus nicht, wenn solches nach der Sonnenseite belegen ist, nur muß man die Kisten so arrangiren, daß sie nicht unmittelbar von der Sonne beschienen werden. Der Tabak hat stark hygroskopische Eigenschaften, welches zum Theil durch seinen Gehalt an Salzen veranlaßt werden mag; er feuchtet sich daher, auch wenn er völlig trocken war, leicht stark wieder an; weßhalb man dafür zu sorgen hat, daß der Zutritt von Feuchtigkeit so viel wie möglich von dem Locale abgeschnitten ist. Frische Cigarren besitzen einen starken kratzenden Geschmack, der sich später indeß gänzlich verliert und mit dessen Entfernung erst das Aroma derselben rein und unverhüllt hervortritt. Durch einen angemessenen Grad von Wärme kann man die zur Ablagerung und Verbesserung der Cigarren erforderliche Zeit, wie wir durch Versuche erfahren, auf eine geeignete Weise abkürzen. Im Sommer ist die gewöhnliche Luftwärme dazu ausreichend, wogegen man im Winter ein geheiztes Zimmer zum Ablagern derselben anwenden kann.